ETHIK 9 S

9. Jahrgangsstufe

von
Wolfgang Bender
Monica Mutzbauer
Volker Wilhelmi

Bayerischer Schulbuch-Verlag · München

Gedruckt auf umweltschonend hergestelltem Papier,
das zu gleichen Teilen aus Altpapier,
chlorfrei gebleichtem Zellstoff und Holzschliff besteht.

1996
1. Auflage
© Bayerischer Schulbuch-Verlag, München
Umschlag: Lutz Siebert
Satz und Druck: Wagner GmbH, Nördlingen
ISBN: 3-7627-7085-9

INHALT

1 LEBEN UND LEBENSSTADIEN   7

1.1 Lebensläufe, Lebensansichten, Lebensaussichten   8
1.1.1 Annette: Zwischen Schwester, Studium und Kinderwunsch   8
1.1.2 Benito: Zwischen Heim und Knast   8
1.1.3 Christian: Zwischen Bonn und Botschaften   9
1.1.4 Endlos   10

1.2 Das menschliche Leben – ein Weg   11

1.3 … ein Kreislauf   13

1.4 Die Lebensphasen   14
1.4.1 Das Rätsel der Sphinx   15
1.4.2 Die Sichtweise der Biologie   15
1.4.3 Die Sicht eines Psychologen   16
1.4.4 Jede Lebensepoche hat ihre ethischen Aufgaben:
Die Sichtweise des Judentums   18

1.5 Die Kindheit   18
1.5.1 Die drei Söhne   18
1.5.2 Erklärung der Rechte des Kindes   19
1.5.3 Aus der Verfassung des Freistaates Sachsen   22

1.6 Die Jugend   23
1.6.1 Keine Disziplin, kein Bock auf Schule   23
1.6.2 Sprechen und zuhören können   24
1.6.3 „Diese Todesangst ist einfach super"   25
1.6.4 Wir machen Politik, aber anders   27
1.6.5 So sehen sie ihre Zukunft   29

1.7 Die Erwachsenen   30
1.7.1 Wenn die Menschen das würden, was sie mit vierzehn sind …   30
1.7.2 Trari trara das Kind ist da (für Jürgen)   32
1.7.3 „Not-wendige" Visionen   33

1.8 Das Alter   35
1.8.1 Die Kindheit und das Alter gleichen sich   35
1.8.2 Miteinander statt nebeneinander   37
1.8.3 Aktiv – auch im Alter   39
1.8.4 Das hohe Alter im Judentum   40

1.9	Sterben und Tod	41
1.9.1	Bilder vom Tod	41
1.9.2	Der Tod in der Dichtung	42
1.9.3	Was kommt mit dem Tod?	42
1.9.4	Sterben? – Sterben!	44
1.9.5	Die Hinterbliebenen	46
2	**GLÜCK**	**49**
2.1	Vorstellungen vom Glück	50
2.1.1	Das Ideal	50
2.1.2	Was im Fernsehen zum Glücklichsein gehört	51
2.1.3	Wenn ich fünfzig Jahre alt bin …	52
2.1.4	Das Glück	53
2.1.5	Glück = Glück?	55
2.1.6	Das Märchen vom Glück	57
2.2	Sie versprechen Glück …	59
2.2.1	Glückssymbole	59
2.2.2	Moderne religiöse Glücksverheißungen	61
2.3	Glück? – Die Antwort der Religionen	62
2.3.1	Altes Testament	62
2.3.2	Christentum	63
2.3.3	Islam	63
2.4	Eine Antwort der Philosophie	64
2.5	Menschen finden ihr Glück auf verschiedenen Wegen	66
2.5.1	Clara Wieck: Ein Leben für die Liebe	66
2.5.2	Mutter Teresa: Religiöser Glaube führt zum Handeln	68
2.5.3	Mahatma Gandhi: Einstehen für die Gerechtigkeit	69
3	**SINN**	**71**
3.1	Die Frage nach dem Sinn des Lebens	72
3.1.1	Was ist der Sinn? – Schüler antworten auf eine wichtige Frage	72
3.1.2	Der Sinn des Lebens in der Erfahrung der Dichter	72
3.1.3	Das Leben als Reise: Was ist das Ziel?	73
3.2	Wenn alles sinnlos erscheint …	77
3.2.1	An diesem Dienstag	77
3.2.2	Behalt das Leben lieb	79
3.2.3	Vor dem Tod	82

3.3	Der Sinn des Lebens? – Mögliche Antworten	83
3.3.1	Wohlstand – Erfolg – Glück – Freundschaft	83
3.3.2	Der Sinn des Lebens – abhängig vom Alter?	84
3.3.3	Die Frage nach dem Sinn stellt sich immer wieder neu	87
3.3.4	Die unwürdige Greisin	89
3.4	Wie man Sinn finden kann: Beispiele aus dem Leben bedeutender Persönlichkeiten	93
3.4.1	Albert Schweitzer	93
3.4.2	Martin Luther King: Gedanken über den eigenen Tod	94
3.5	Antwort auf die Sinnfrage – weltanschaulich	95
3.5.1	Antworten der Philosophie	95
3.5.2	Die großen Religionen antworten auf die Sinnfrage	98
3.6	Schicksal – Erfahrungen, in denen man die Sinnfrage neu stellen muß	101
4	**GEWISSEN UND VERANTWORTUNG**	102
4.1	Sicheres und unsicheres Gewissen	103
4.2	Gewissen: ja – Gewissen: nein!	105
4.2.1	Meinungen	105
4.2.2	Gewissenlos? Gewissenhaft?	106
4.3	Was ist das Gewissen?	109
4.3.1	Ein Philosoph antwortet	109
4.3.2	Plädoyer für das persönliche Gewissen	110
4.3.3	Wolfgang Dreysse: Heiliger Martin	112
4.3.4	Kriegsdienstverweigerer im nationalsozialistischen Deutschland	113
4.4	Gewissensirrtum und Gewissensmißbrauch	114
4.5	Einige Grundregeln, an denen das Gewissen sich orientieren könnte	118
4.6	Die Menschenrechte	119
4.6.1	Was sind Menschenrechte?	119
4.6.2	Sternstunden der Menschenrechte	120
4.6.3	Menschenrechte in der Verfassung des Freistaates Sachsen	123
4.7	Verantwortung	125
4.7.1	Was ist Verantwortung?	125
4.7.2	Ich übernehme Verantwortung	126
Zu den Autoren		129
Quellenverzeichnis		132
Register		135
Bildnachweis		136

Hinweis

 = Informationstext

Folgende Aufgabentypen findet ihr in diesem Werk:

A = Arbeitsanregung
P = Projekt

1 LEBEN UND LEBENSSTADIEN

A1: Das Bild, das Pablo Picasso 1903 gemalt hat, trägt den Titel „Das Leben". Warum wohl?

A2: Sucht Bilder von Menschen in verschiedenen Lebensaltern. Was findet ihr typisch für das jeweilige Alter?

A3: Sucht Fotos, die euch in verschiedenen Lebensaltern zeigen. Legt sie nebeneinander und sucht, was gleich geblieben ist, was sich verändert hat.

1.1 Lebensläufe, Lebensansichten, Lebensaussichten

1.1.1 Annette: Zwischen Schwester, Studium und Kinderwunsch

„Also eigentlich habe ich immer viel mit meiner Schwester unternommen. Meinen Eltern, ja, denen wäre es lieber gewesen, wenn ich Chemie-Technik studiert hätte wie meine Schwester, weil die halt meinten, daß es da als Frau einfacher ist. Ich wollte aber nicht Chemie-Technik studieren, weil das meine Schwester bereits tat. Auch war mit ein Grund, weil ich nicht immer alles nachmachen wollte. Ich muß ja nicht immer in die Fußstapfen meiner Schwester treten. Meine Schwester ist einfach dominanter. Sie ist halt die ältere Schwester. Genau wie meine Mutter: ‚Du machst das, ich mach das.' Manchmal muß man ihr das abgewöhnen. (…)
Ich wollte ursprünglich, so mit der 11., 12. Klasse war ich mir ziemlich sicher, Luft- und Raumfahrttechnik zu studieren. Aber dazu hätte ich nach Aachen gehen müssen. In eine ganz fremde Stadt zu gehen mit 19, ohne daß ich jemanden kenn', dahin ziehen und mich in einen großen Hörsaal setzen, wo dann hauptsächlich nur Männer sitzen, davor hatte ich einfach zuviel Sch…, muß ich ehrlich sagen." (…)
Jetzt studiert Annette Maschinenbau. Sie möchte zwei Kinder haben. Die Frage ist, wann sie diese bekommen soll. „Besser wäre, ich hätte sie längst bekommen. Wenn ich dann fertig wäre, wäre mein Kind dann vielleicht schon vier oder so, dann wäre das einfacher gewesen. Angenommen, ich bin fertig mit 25, fange an zu arbeiten. Und wenn ich jetzt keinen Doktor mache, so hätte ich dann vielleicht schon mein Kind. So um die 30 sollte ich vielleicht nochmal ein Kind kriegen. Vielleicht wäre es einfacher, wenn man dann auch noch verheiratet wäre, damit sich ein zweiter um das Kind kümmern könnte."

Jugend '92

1.1.2 Benito: Zwischen Heim und Knast

Benitos Eltern sind geschieden. Er wuchs zunächst bei der Mutter auf. Als er jedoch mit 12 Jahren nächtelang wegblieb und sich nichts mehr sagen ließ, wurde er in den Zug nach Hannover gesetzt und zum Vater geschickt, der später das Sorgerecht bekam.
Nach 3 Monaten fuhr er zurück nach Berlin und hat durch Fürsprache seiner Oma in Wohngemeinschaften und Jugendwohnheimen gewohnt. Der Aufenthalt in den Einrichtungen des Jugendamtes war nie von langer Dauer, da er ständig beim Klauen erwischt wurde. (…)
Wegen mehrerer Delikte – meistens Körperverletzung – wurde Benito inhaftiert. Seit 1989 sitzt er in der Jugendstrafanstalt Hameln wegen Körperverletzung mit Todesfolge.
Nach seiner Entlassung muß Benito auf alle Fälle nach Berlin zu seiner Mutter zurück. Der Vater ist 1990 gestorben. Wenn er an die Beerdigung denkt, spürt er noch jetzt diese ohnmächtige Wut, als er in Ketten neben der Verwandtschaft stehen mußte. „Die linke Hand in der Tasche, die rechte Hand mit dem Fuß zusammengekettet bin ich zum Grab ge-

humpelt. Zwei Polizisten dabei. (...)" Benito hat keine Ahnung, wie sein Leben weitergeht, wenn er wieder draußen ist. Er weiß nur, daß er weitertrinken wird. „Mir gefällt das Trinken. Ich kann mir gar nicht vorstellen, nichts zu trinken. Hier konnte ich zwangsweise nichts trinken, aber draußen am Kiosk." Er hat keine Angst, eines Tages Alkoholiker zu werden, solange es bei Bier bleibt. Er trinkt, weil er sonst nichts mit sich anzufangen weiß: „Ich trinke aus Langeweile. Dann bin ich betäubt und denke nicht über alles nach."

Jugend '92

1.1.3 Christian: Zwischen Bonn und Botschaften

„Ich bin schon als einjähriges Kind nach Afrika gekommen, nach Nigeria. Meine Mutter konnte sich den ganzen Tag um uns Kinder kümmern. (...)
Nach Nigeria sind wir wieder nach Deutschland zurückgekehrt. Ich habe dort nur das erste Schuljahr verbracht und bin mit der Familie nach Malaysia gezogen, das war 1976. Das zweite bis vierte Schuljahr war ich auf einer englischen Privatschule. (...)
Ich war damals sehr gut in der Schule, das weiß ich noch von den Zeugnissen her. Ich bin gern dahin gegangen, weil ich dort viele Freunde gefunden habe, andere Diplomatenkinder und auch Inder und Chinesen. In Malaysia war ich noch nicht wieder, aber in Malawi. Zweimal im Jahr kriege ich den Flug vom Auswärtigen Amt erstattet, das versuche ich natürlich auszunutzen. Wir waren das 6. oder 7. Mal da und haben viele Reisen in den Süden und den Norden gemacht und haben von dem Land und den Leuten unheimlich viel kennengelernt. (...)
Nach Malaysia haben wir zehn Jahre in Buschhoven gelebt, die längste Zeit an einem Ort mit meinen Eltern. Dort bin ich aufgewachsen, mit zehn Jahren hingekommen und mit 18 Jahren von dort in die Wohnung meiner Eltern in Bonn eingezogen. (...)
In unserer Familie gibt es keine Diplomaten unter den Vorfahren, und ob ich einmal den Weg meines Vaters einschlage, ist ungewiß. Wirtschaftsingenieurwesen ist offen, ich habe es auch deshalb gewählt, weil ich mich damit nicht allzusehr spezialisiere. (...)
Ein Auslandsstudium wäre denkbar, aber es würde auch aufhalten. Ich würde nicht so schnell vorankommen, als wenn ich in Deutschland bleibe. Später, im Beruf, würde ich gern ins Ausland gehen, weil es mich interessiert, und weil mir Ausland eigentlich immer Spaß gemacht hat."

Jugend '92

A1: Die drei Lebensläufe zeigen einerseits die Abhängigkeit der Entwicklungen von der familiären Situation. Andererseits werden auch Gestaltungsspielräume deutlich. Vergleicht die Berichte miteinander. Wie steht es mit den Chancen, den eigenen Weg zu wählen und das eigene Leben zu gestalten?

A2: Schreibt in Stichpunkten auf: So stelle ich mir mein Leben in 10, in 20, in 30, in 40, in 50 ... Jahren vor.

1.1.4 Endlos

Verdammte S...
noch 'ne halbe Stunde bis zur großen Pause,
noch vier Tage bis zum Wochenende.
Noch drei Monate bis zu den Ferien,
noch dreieinhalb Jahre bis zum Abi ...
... bis zur Freiheit.
Freiheit???
Danach das Studium:
fünf Jahre,
zehn Semester,
sechzig Monate,
zweihundertsechzig Wochen,
eintausendachthundertfünfundzwanzig Tage,
dreiundvierzigtausendachthundert Stunden Warten.
Immer dieses sinnlose Warten.
Ist das Leben? Und die Zeit verrinnt.
Jetzt bin ich siebzehn und warte,
auf die große Pause, auf das Wochenende ...
Nach dem Abi bin ich 20 und warte wieder,
auf das Ende der Vorlesung,
auf das Wochenende,
auf Semesterferien,
auf das Diplom.
Dann bin ich 26, und habe
ein Drittel meines Lebens mit Warten zugebracht.
Ist das Leben? War das bis jetzt Leben?
Aber nicht nur ich warte, da wartet noch jemand
auf mich. Der Bund! Er wartet, daß diese Warterei
vorbei ist, und ich bei ihm anderthalb Jahre
weiterwarten darf.
So wartet man sein ganzes Leben,
auf Urlaub,
Gehaltserhöhung,
Beförderung,
die Rente.
Und als Rentner?
Dann wartet man auf den Besuch
der Kinder zum
Kaffeekränzchen,
auf den Abend,
den Sonntag,
den Tod.   *Yvonne Bernart, 18 Jahre*

A: Empfindet ihr das Leben so wie Yvonne auch als ein ständiges Warten? Begründet eure Meinung. Was könntet ihr Yvonne entgegnen?

1.2 Das menschliche Leben – ein Weg

Die Fotografie zeigt ein Teilstück des Pilgerwegs nach Santiago de Compostela in Nordspanien. Die Pilgerfahrt zu diesem Heiligtum des Apostels Jakobus wurde – wie andere Pilgerwege auch – zum Symbol für das menschliche Leben.

Geist des Exodus

Die jüdische Religion ist – so sieht es der Philosoph Ernst Bloch – durchdrungen vom „Geist des Exodus"[1]. Am Anfang stehen die Erfahrung von Knechtschaft, Ausbeutung und Not in Ägypten. Moses, gerufen von Gott, führt sein Volk aus Ägypten heraus, durch das Rote Meer, durch die Wüste … So wird der Weg des Glaubens „zu einem Weg ins Freie". Das Ziel des Weges liegt in der Zukunft.
Pharao und Ägypten symbolisieren die Menschen unterdrückenden und mißachtenden Machthaber, die Diktatoren und die Strukturen der Ungerechtigkeit.
Ein Befreiungsphilosoph und -theologe aus Lateinamerika, Enrique Dussel, betont: Die entscheidende Frage ist nicht „Wie kann man gut sein in Ägypten?" – und sich also mehr schlecht als recht dort einrichten –, sondern „Wie kann man ausziehen aus Ägypten?" Für diesen Auszug gibt es eine unabdingbar gültige und zugleich konkrete Regel: „Befreie den Armen und Unterdrückten."
Der Apostel Paulus sprach von einem Weg, der allen anderen Möglichkeiten vorzuziehen sei: dem Weg der Liebe. Die Befreiung will die Liebe schon unter den Bedingungen von Unfreiheit verwirklichen, ohne das Ziel – die vollkommene Gerechtigkeit – zu vergessen.

---

[1] Exodus kommt aus dem Griechischen und bedeutet hier Auszug.

1.3 ... ein Kreislauf

Kalenderstein aus Mexiko. Die Zeit wird als Kreislauf erlebt, in dem sich das Wesentliche beständig wiederholt. – Innen das Sonnenhaupt. Darauf die vier bisherigen Weltepochen, (...) sodann der Kreis der Monatstage. Ganz außen die beiden Weltschlangen Leben und Tod.

Der Mensch im Kreislauf der Wiedergeburten

Der Mensch ist gefangen im Kreislauf der Wiedergeburten. Der Tod ist für ihn nicht das Ende, sondern Übergang zu einem folgenden Leben. Dieser Gedanke erfüllt die Inder nicht mit Freude; es bedeutet nämlich, daß der Mensch im Samsara, im Kreislauf von Tod und Leben gefangen bleibt. Mit dem Gedanken der Wiedergeburt ist der Gedanke vom Karman verbunden, d. h. von den Folgen der menschlichen Taten, dem Guten und dem Bösen. All unsere Taten haben ihre Folgen, und diese Folgen wirken weiter auf den Zustand, in dem ein Mensch wiedergeboren wird. Wer ein gutes Leben geführt hat, wird in einer höheren Kaste, vielleicht sogar als Gott wiedergeboren. Wer schlechte Taten verrichtet hat, wird in einer unteren Kaste, vielleicht sogar als Tier oder Höllenwesen wiedergeboren. Aber auch Gott und Tier werden auf die Dauer wieder als Mensch auf die Erde zurückkehren und dann von neuem durch ihre Taten Karman hervorbringen. Aus diesem Griff des Karman sucht der Hindu erlöst zu werden.

D. C. Mulder

Mißverstandene Wiedergeburt

Vor einiger Zeit habe ich in einer Zeitung gelesen, in Amerika gebe es sogar Selbsterfahrungsgruppen über Reinkarnation. Die Leute treffen sich und reden über ihr früheres Leben. Die Hausfrau sagt etwa: „Im neunzehnten Jahrhundert in New Orleans war ich eine Dirne, deswegen kann ich jetzt meinem Mann nicht treu sein", während der rassistische Tankwart den Grund für seinen Haß in der Tatsache findet, daß er im sechzehnten Jahrhundert auf einer Expedition von den Bantus verschlungen wurde. Was für traurige Dummheiten. Hat man die Wurzeln der eigenen Kultur verloren, versucht man, das Grau und die Unsicherheit der Gegenwart mit den früheren Leben aufzubessern. Wenn die Seelenwanderung einen Sinn hat, so ist es, glaube ich, ein ganz anderer.

Susanna Tamaro

A1: Wie verhalten sich die beiden Sichtweisen – Leben als Weg und als Kreislauf – zueinander? Ergänzen sie sich, oder schließen sie sich aus?

A2: Es gibt noch andere Deutungen des menschlichen Lebens als Weg, zum Beispiel das Leben als Aufstieg aus einer dunklen Höhle zum hellen Licht oder – im Gegensatz dazu – das Leben als ein Weg in den Abgrund. Welche Vorstellungen verbindet ihr mit eurem Lebensweg?

A3: Versucht in einer Zeichnung darzustellen, wie ihr euer Leben seht: als Weg, als Kreislauf – oder noch anders …

1.4 Die Lebensphasen

1.4.1 Das Rätsel der Sphinx

„Es ist am Morgen vierfüßig, am Mittag zweifüßig, am Abend dreifüßig. Von allen Geschöpfen wechselt es allein in der Zahl seiner Füße; aber eben, wenn es die meisten Füße bewegt, sind Kraft und Schnelligkeit bei ihm am geringsten."
Ödipus lächelte, als er das Rätsel vernahm, das ihm gar nicht schwierig erschien. *Gustav Schwab*

A1: Welche Lösung des Rätsels fand Ödipus? Seht in einer Sammlung griechischer Sagen nach, wenn es niemand von euch weiß.
A2: Ist ... (Lösungswort!) im Rätsel der Sphinx richtig dargestellt?
A3: Sucht nach Märchen oder Beispielen aus der Literatur, in denen alte Menschen vorkommen. Wie werden sie dort beschrieben (z. B. kränklich, weise, unfreundlich, hilfsbereit)? Vergleicht die Eigenschaften der alten Leute, die ihr kennt, mit diesen Aussagen.

1.4.2 Die Sichtweise der Biologie

Vier Abschnitte lassen sich im Leben eines Menschen unterscheiden:
In der Embryonalzeit verläuft die Keimesentwicklung vom befruchteten Ei, das nur etwa 0,2 mm groß ist, bis hin zum vollständig ausgebildeten Fetus, der schon ab der 29. Woche als Frühgeburt lebensfähig ist.

Die folgende Entwicklung wird durch körperliche, psychische und geistige Veränderungen und Besonderheiten bestimmt und beginnt mit der Kindheitsphase: Zunächst lernt das Kind seine Umwelt durch Wahrnehmen, Koordinieren von Bewegungen und Laufen kennen und setzt sich über einfaches Spielen, Entdecken und Erfinden und nicht zuletzt die Sprache mit ihr auseinander; – aus der natürlichen Umwelt

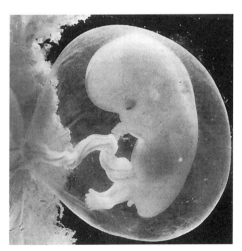

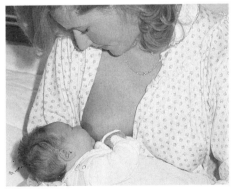

Lebensphasen

wird die soziale Umwelt. In dieser Zeit wächst der gesamte Körper, Proportionsverschiebungen bewirken einen umfassenden Gestaltwandel – die Arme werden länger, der Kopf relativ zum Gesamtkörper kleiner.

In der Jugendphase (8/12–18/21 Jahre) entwickeln sich Mädchen schneller als Jungen: In der Pubertät erfolgt die Geschlechtsreife, verbunden mit der Ausbildung der sekundären Geschlechtsmerkmale und einem starken Längenwachstum. Jetzt sucht der Mensch nach eigenen Lebensformen, einer individuellen Persönlichkeit und Eigenständigkeit, er löst sich langsam von seinen Eltern.

Das Erwachsenenalter ist die Zeit, in der geistige, körperliche und emotionale Fähigkeiten voll ausgebildet sind und in der sich die Menschen den Lebensaufgaben stellen.

Ab einem Alter von ungefähr 60 Jahren nehmen die körperlichen und seelischen Funktionen allmählich ab, die Leistungsfähigkeit sinkt.

1.4.3 Die Sicht eines Psychologen

Der in Frankfurt am Main geborene, in Wien ausgebildete und dann in den USA lehrende und forschende Psychoanalytiker Erik H. Erikson (geboren 1902) untersuchte die Entwicklung des Menschen von der frühesten Kindheit bis zum späten Erwachsenenalter. Demnach vollzieht sich die Ich-Entwicklung in acht Phasen. In jeder Phase sind bestimmte Aufgaben zu bewältigen. Gelingt dies, so erlangt der Mensch jeweils spezifische „Ich-Stärken"; gelingt dies nicht, sind tiefgreifende Verunsicherungen die Folge.

1. Phase: Frühes Kindesalter (Geburt bis Ende des 1. Lebensjahres)
Als Ergebnis von Zuneigung, Anregung und Anerkennung entwickelt sich das **Urvertrauen**, bei häufigem Liebesentzug, ständiger Vernachlässigung oder Mißhandlung das **Urmißtrauen**.

2. Phase: Späteres Kleinkindalter (1. bis 3. Lebensjahr)
Das Kind lernt sich als eigenständige Person, die sich von den Eltern unterscheidet, aber noch von ihnen abhängig ist, kennen. Es gewinnt **Autonomie**. Fühlt es sich dagegen unzulänglich – z. B. als Folge einer unglücklich verlaufenen 1. Phase –, zweifelt es an sich selbst und versucht es seine Unzulänglichkeiten auch noch zu verstecken, so bilden sich als Grundbefindlichkeiten **Scham und Zweifel** heraus.

3. Phase: Frühe Kindheit (4. bis 5. Lebensjahr)
Das Kind entwickelt eine lebendige Vorstellungskraft und gleichzeitig ein Gespür für die Realität: Es lernt, Erwachsene nachzuahmen und sich in Rollen hineinzuversetzen. Es entfaltet **Initiative**. Bei unglücklichem Verlauf kommt es zu Hemmungen der Spontaneität, quälen Mißtrauen und Eifersucht. Das **Schuldgefühl** gewinnt die Oberhand.

4. Phase: Mittlere Kindheit (6. bis 11. Lebensjahr)
Das Kind gewinnt einen Sinn für Aufgaben und ihre Durchführung, es eignet sich schulische, soziale und technische Kompetenzen an. Es entwickelt einen Sinn für **Leistung**. Bei schlechten Arbeitsgewohnheiten stellt sich das Gefühl der Mittelmäßigkeit, der Nutz- und Wertlosigkeit ein. Das **Minderwertigkeitsgefühl** wird bestimmend.

5. Phase: Pubertät und Adoleszenz (12. bis 20. Lebensjahr)
Die Jugendlichen erleben ihre Entwicklung als Zusammenhang; sie treten in den Beruf ein und nehmen eine **aktive Rolle** in der Gesellschaft an. Tiefliegende Unsicherheiten dagegen können das Leben als Aneinanderreihung von Brüchen erfahren lassen. Der Mensch ist sich über seine eigene Rolle nicht klar. Diese Unsicherheit kann zu **starken psychischen Belastungen** führen.

6. Phase: Frühes Erwachsenenalter
Die jungen Erwachsenen werden fähig zur Hingabe an andere und zur geschlechtlichen **Partnerschaft**. Intimität nennt E. Erikson den charakterlichen Zugewinn dieser Stufe. Im anderen Fall dagegen kommt es statt zu ernsthafter Hingabe zu schnell wechselnden Verhältnissen. Intimität wird vermieden, Zuneigung zurückgewiesen. Es kommt zur **Isolierung**.

7. Phase: Mittleres Erwachsenenalter
Die Erwachsenen sind aktiv und kreativ. Sie haben Freude am Leben und an eigenen Kindern. Sie haben die **Möglichkeit, Leben zu geben**. Eine gegenteilige Entwicklung spielt sich bei den Egozentrikern ab, die bei übertriebener Selbstliebe zwischenmenschlich verarmen. Statt zur weiteren Entfaltung kommt es bei ihnen zum **Stillstand** in der Entwicklung.

8. Phase: Spätes Erwachsenenalter
Die Älteren bekennen sich zu ihrer Lebensgeschichte, ohne sie zu beschönigen; sie haben gelernt, mit den Grenzen des Lebens und des Daseins umzugehen.
Integrität nennt E. Erikson die Ich-Stärke des Alters. Es kann aber auch sein, daß ältere Menschen den Sinn ih-

rer Existenz nicht sehen können, daß sie den Glauben an sich und andere verloren haben und unter der Angst vor einem sinnlosen Ende leiden. **Verzweiflung** ist ihr Los.

Nach Erik H. Erikson

A: Die Phasen 1 bis 4 habt ihr selbst schon ganz, die Phase 5 zum Teil durchlaufen. Welche Erinnerungen habt ihr an diese Zeiten? Welche besonderen Glücksmomente habt ihr erlebt, welche Enttäuschungen, welche Veränderungen? Stimmen eure Erfahrungen mit den Beschreibungen im Text überein?

1.4.4 Jede Lebensepoche hat ihre ethischen Aufgaben: Die Sichtweise des Judentums

Bei der Betrachtung der acht Phasen der Ich-Entwicklung sind bereits Aufgaben deutlich geworden, die sich dem einzelnen Menschen in der Wechselwirkung mit seiner Mitwelt stellen. Lange bevor die moderne Psychologie ihre Erkenntnisse vorlegen konnte, sind in verschiedenen Kulturen den Lebensaltern jeweils besondere moralische Pflichten und Rechte zugewiesen worden. Dies gilt auch für das Judentum. Im Traktat Abot[1] findet sich ein Abschnitt, der die Sonderaufgaben jeder Altersstufe benennt:

Mit 5 Jahren (ist das Kind alt genug) zum Studium der Schrift
mit 10 Jahren zum Studium der Mischna (dem 1. Teil des Talmuds)
mit 13 Jahren zur (verantwortlichen Befolgung der) Gebote
mit 18 Jahren zur Heirat
mit 20 Jahren zum Lebenserwerb
mit 30 Jahren zur (Erreichung der Fülle der) Kraft
mit 40 Jahren zum Lebensverständnis
mit 50 Jahren zur (Einsicht) des Rates (an andere Menschen)
mit 60 Jahren tritt er ins Alter ein
mit 70 Jahren ins hohe Alter
mit 80 Jahren (ist sein Überleben ein Zeichen der) Stärke
mit 90 Jahren ist er gebeugt in Erwartung des Grabes
mit 100 Jahren ist er so gut wie tot und der Welt entzogen

Abot 5, 24

A: Haltet ihr diese Einteilung noch für unsere Zeit passend?

1.5 Die Kindheit

1.5.1 Die drei Söhne

Drei Frauen wollten Wasser holen am Brunnen. Nicht weit davon saß ein Greis auf einer Bank und hörte zu, wie die Frauen ihre Söhne lobten. „Mein Sohn", sagte die erste, „ist so geschickt, daß er alle hinter sich läßt ..." „Mein Sohn", sagte die zweite, „singt so schön wie die Nachtigall! Es gibt keinen, der eine so schöne Stimme hat wie er." „Und warum lobst du deinen Sohn nicht?" fragten sie die dritte, als diese schwieg. „Ich habe nichts, wofür ich ihn loben könnte", entgegnete sie. „Mein Sohn ist nur ein gewöhnlicher Knabe. Er

---

[1] Sprüche der Väter aus der Mischna. Die Mischna ist eine Sammlung von rabbinischen Lehrsätzen, zusammengestellt um 200 n. Chr.

hat etwas Besonderes weder an sich noch in sich …"
Die drei Frauen füllten ihre Eimer und gingen heim. Der Greis ging langsam hinter ihnen her. Die Eimer waren schwer und die abgearbeiteten Hände schwach. Deshalb machten die Frauen eine Ruhepause, denn der Rücken tat ihnen weh. Da kamen ihnen drei Knaben entgegen. Der erste stellte sich auf die Hände und schlug Rad um Rad – und die Frauen riefen: „Welch ein geschickter Junge!" Der zweite sang so herrlich wie die Nachtigall, und die Frauen lauschten andachtsvoll und mit Tränen in den Augen.
Der dritte Knabe lief zu seiner Mutter, hob die Eimer und trug sie heim. Da fragten die Frauen den Greis: „Was sagst du zu unseren Söhnen?" „Wo sind eure Söhne?" fragte der Greis verwundert. „Ich sehe nur einen einzigen Sohn!"

Leo Tolstoi

A: Schreibt eine Fortsetzung zu der Erzählung von L. Tolstoi. Was könnten die drei Frauen dem alten Mann entgegnet haben? Wie könnten sie sich weiter über ihre Söhne unterhalten haben, nachdem der Greis gegangen war?

1.5.2 Erklärung der Rechte des Kindes

Am 20. November 1959 verabschiedet die Vollversammlung der Vereinten Nationen einstimmig die Erklärung der Rechte des Kindes. Sie verfolgt dabei das Ziel, allen Kindern eine glückliche Kindheit zu gewährleisten – in dem Bewußtsein, daß „die Menschheit dem Kind das Beste schuldet, das sie zu geben hat". Sie fordert die Eltern, die Wohlfahrtsverbände, die kommunalen und die staatlichen Behörden auf, die folgenden Rechte anzuerkennen und sich für ihre Verwirklichung einzusetzen.

Grundsatz 1
Das Kind genießt alle in dieser Erklärung aufgeführten Rechte. Alle Kinder ohne jede Ausnahme haben ohne Unterschied oder Diskriminierung auf Grund der Rasse, der Hautfarbe, des Geschlechts, der Sprache, der Religion, der politischen oder sonstigen Überzeugung, der nationalen oder sozialen Herkunft, des Eigentums, der Geburt oder der sonstigen Umstände, die in der eigenen Person oder in der Familie begründet sind, Anspruch auf diese Rechte.

Grundsatz 2
Das Kind genießt besonderen Schutz und erhält kraft Gesetzes oder durch andere Mittel Chancen und Erleichterungen, so daß es sich körperlich, geistig, moralisch, seelisch und gesellschaftlich gesund und normal und in Freiheit und Würde entwickeln kann. Bei der Einführung von Gesetzen zu diesem Zweck sind die Interessen des Kindes ausschlaggebend.

(...)

Grundsatz 6
Das Kind braucht zur vollen und harmonischen Entfaltung seiner Persönlichkeit Liebe und Verständnis. Es wächst, soweit irgend möglich, in der Obhut und unter der Verantwortung seiner Eltern, auf jeden Fall aber in einem Klima der Zuneigung und der moralischen und materiellen Sicherheit auf; ein Kleinkind darf – außer in außergewöhnlichen Umständen – nicht von seiner Mutter getrennt werden. Die Gesellschaft und die öffentlichen Stellen haben die Pflicht, Kindern, die keine Familie haben, und Kindern ohne ausreichenden Lebensunterhalt besondere Fürsorge zuzuwenden. Staatliche Geldleistungen und andere Unterhaltshilfen für Kinder aus kinderreichen Familien sind wünschenswert.

(...)

Grundsatz 8
Das Kind gehört in jeder Lage zu denen, die zuerst Schutz und Hilfe erhalten.

Grundsatz 9
Das Kind wird vor allen Formen der Vernachlässigung, Grausamkeit und Ausbeutung geschützt. Es darf nicht Handelsgegenstand in irgendeiner Form sein. Das Kind wird vor Erreichung eines angemessenen Mindestalters nicht zur Arbeit zugelassen: in keinem Fall wird es veranlaßt oder wird ihm erlaubt, einen Beruf oder eine Tätigkeit auszuüben, die seine Gesundheit oder Erziehung beeinträchtigen oder seine körperliche, geistige oder sittliche Entwicklung hemmen würden.

(...)

P: Nehmt an, ihr sollt einen Bericht an den Generalsekretär der Vereinten Nationen verfassen. Thema: Die Lage der Kinder in der Welt und die Verwirklichung der Erklärung der Rechte des Kindes in einzelnen Ländern.
Benennt Beauftragte für Länder oder Ländergruppen. Sie sollen für ihre Zuständigkeitsbereiche Informationen sammeln:
Inwieweit werden die Grundbedürfnisse von Kindern (Nahrung, Kleidung, Wohnung, Zuwendung) zufriedengestellt?
Ist das Grundrecht auf Erziehung und Bildung verwirklicht?
Gibt es Kinderarbeit? ...
Stellt die Ergebnisse zusammen, und tragt sie in der Klasse vor.
Erarbeitet gemeinsam Vorschläge zur Verbesserung der Lage der Kinder.

1.5.3 Aus der Verfassung des Freistaates Sachsen

Alle Verfassungen der Länder der Bundesrepublik Deutschland enthalten Aussagen über die Rechte von Eltern und Kindern sowie über die Ziele der Erziehung. Drei Artikel der Verfassung des Freistaates Sachsen sind in diesem Zusammenhang besonders wichtig.

Artikel 9
(1) Das Land erkennt das Recht eines jeden Kindes auf eine gesunde seelische, geistige und körperliche Entwicklung an.
(2) Die Jugend ist vor sittlicher, geistiger und körperlicher Gefährdung besonders zu schützen.
(3) Das Land fördert den vorbeugenden Gesundheitsschutz für Kinder und Jugendliche sowie Einrichtungen zu ihrer Betreuung.

Artikel 101
(1) Die Jugend ist zur Ehrfurcht vor allem Lebendigen, zur Nächstenliebe, zum Frieden und zur Erhaltung der Umwelt, zur Heimatliebe, zu sittlichem und politischem Verantwortungsbewußtsein, zu Gerechtigkeit und zur Achtung vor der Überzeugung des anderen, zu beruflichem Können, zu sozialem Handeln und zu freiheitlicher demokratischer Haltung zu erziehen.
(2) Das natürliche Recht der Eltern, Erziehung und Bildung ihrer Kinder zu bestimmen, bildet die Grundlage des Erziehungs- und Schulwesens. Es ist insbesondere bei dem Zugang zu den verschiedenen Schularten zu achten.

Artikel 102
(1) Das Land gewährleistet das Recht auf Schulbildung. Es besteht allgemeine Schulpflicht.
(2) Für die Bildung der Jugend sorgen Schulen in öffentlicher und in freier Trägerschaft.

A1: Die Verfassungen der westlichen Bundesländer sind etwa 45 Jahre vor den Verfassungen der östlichen Bundesländer – also in einer anderen historischen, politischen und geistigen Situation – entstanden. Vergleicht die Aussagen über die Erziehungsziele in der Verfassung des Freistaates Sachsen mit den entsprechenden Ausführungen in Verfassungen der westlichen Bundesländer.

Das Ziel der Erziehung in der Verfassung des Landes Hessen, angenommen durch Volksentscheid am 1. Dezember 1946:

Ziel der Erziehung ist, den jungen Menschen zur sittlichen Persönlichkeit zu bilden, seine berufliche Tüchtigkeit und die politische Verantwortung vorzubereiten zum selbständigen und verantwortlichen Dienst am Volk und der Menschheit durch Ehrfurcht und Nächstenliebe, Achtung und Duldsamkeit, Rechtlichkeit und Wahrhaftigkeit.
Art. 56, Abs. 4

A2: Sammelt die moralischen Begriffe, die in beiden Texten vorkommen. Was bedeuten sie?
Gibt es Ziele, die im älteren Text enthalten, im jüngeren aber nicht mehr erwähnt werden und umgekehrt?

Könnt ihr Ergänzungen zum Artikel 101.1 der Verfassung des Freistaates Sachsen vorschlagen?

A3: Die Erklärung der Rechte des Kindes und die Verfassungen nennen zahlreiche Rechte, die Kinder und Jugendliche haben (sollen). Andererseits haben Kinder und Jugendliche auch Verantwortungen und Pflichten. Welche kennt ihr? Stellt den Rechten einen „Pflichtenkatalog" gegenüber, und diskutiert darüber.

1.6 Die Jugend

1.6.1 Keine Disziplin, kein Bock auf Schule

Dorit ist fünfzehn Jahre alt und geht auf eine Gesamtschule in Bernau[1].

Dorit, was beschäftigt dich im Moment am meisten?
Na, das mit der Schule, das ist das einzige. Die Schule ist jetzt ganz schön schwer geworden. Die Lehrer nehmen sich jetzt immer ein Beispiel an den neuen Bundesländern[2]. Wenn sie mal nach Köln gefahren sind, erzählen sie uns hinterher, wie gut die Schüler da sind und wie mies wir sind.
Glaubt ihr das?
Ich denke schon, vielleicht haben die da drüben bessere Qualität in den Schulen, so materialmäßig. Ich habe auch gehört, daß die im Westen mehr einzeln arbeiten, daß da jeder einen Tisch für sich hat mit einem Telephon dabei. Aber vielleicht stimmt das auch alles gar nicht, vielleicht sagen die Lehrer das nur, damit sie uns ein bißchen hochkriegen können.
Und schaffen die das?
Nein, die müßten uns mehr Mut machen, aber die machen uns damit nur fertig.
Würdest du gern im Westen leben?
Nein, eigentlich nicht. Vielleicht können die Schüler sich da mehr leisten, weil die Eltern mehr Geld verdienen. Das ist jetzt ja bei uns schon so: Ein paar aus meiner ehemaligen Klasse sind jetzt aufs Gymnasium gegangen, und die sind jetzt so eingebildet, mit denen kann man sich gar nicht mehr unterhalten. Die denken jetzt sonst was, was sie sind. Die gucken auf die anderen runter, das ist ganz schlimm.

Edvard Munch:
Pubertät, Öl, ca. 1892

---
[1] Ort im Nordosten Berlins
[2] Gemeint sind die westdeutschen Bundesländer, hier z. B. das Bundesland Nordrhein-Westfalen.

Was haben eure Lehrer denn an euch auszusetzen?
Die sagen immer, daß wir keine Disziplin haben und so was.
Und das stimmt gar nicht?
Doch, eigentlich schon. Aber das können sie uns so oft sagen, wie sie wollen, daran ändert sich doch nichts. Bei uns haben auch schon Lehrer geheult. Hihh, die haben wir so fertig gemacht!
Wie macht man Lehrer fertig?
Na, wir haben gequatscht und gequatscht, und dann hat der gebrüllt: Seid endlich ruhig! Aber wir haben immer weitergemacht.
Der Lehrer war doch sicher eine Lehrerin?
Hmm. Eigentlich wollten wir das ja gar nicht. Aber plötzlich hat sie sich die Hände vors Gesicht gehalten und geschluchzt.
Hat euch das hinterher leid getan?
Ein bißchen schon. Die Jungs haben sich mehr gefreut. Wir Mädchen haben erst mal einen Schreck gekriegt. Damit hatten wir nicht gerechnet. Wir haben eher gedacht, die geht zur Direktorin.
Habt ihr schon immer Lehrer zur Verzweiflung gebracht?
Nein, das ist erst jetzt so. Früher, zu DDR-Zeiten, haben wir besser aufgepaßt. Früher kam es uns auch leichter vor. Jetzt ist das so richtig Streß bei uns. Die meisten haben sowieso keinen Bock auf Schule, weil es immer so langweilig ist. (...)
Warum war es früher so viel leichter in der Schule?
Früher wußte man, daß man das irgendwie brauchte. Jetzt denken manche, ist sowieso alles egal, die lassen sich die Sechsen reindonnern und checken nicht, daß die Zensuren doch wichtig sind.
Und du?
Ich streng mich schon an, aber manchmal klappt das eben nicht.
Was sagen deine Eltern, wenn du mit einer schlechten Zensur nach Hause kommst?
Meine Eltern sind eigentlich noch ganz gut, die machen mir Mut: Du schaffst das schon und so. Aber wenn man dann nachmittags vorm Schreibtisch sitzt, denkt man: Huhh, hoffentlich ist man bald fertig. Ich weiß noch nicht, ob ich Abitur machen soll, eigentlich hab' ich gar keinen Bock dazu.
Und warum willst du es dann?
Später für den Job ist das sicher besser. Aber ich stehe jetzt schon voll im Streß, wenn ich nach der Schule nach Hause komme. Meine Mutter sagt, sei froh, dann weißt du schon, was auf dich zukommt, wenn du mal arbeiten gehst. Aber das ist doch kein Leben.
  Mit Dorit sprach Vera Gaserow

A: Schreibt Dorit einen Brief, in dem ihr sie bestätigt, korrigiert, ihr widersprecht oder sie aufmuntert.

1.6.2 Sprechen und zuhören können

(...) Zu meinen Eltern habe ich eine relativ normale Bindung. Es gibt zwar öfters Streit, doch dies ist wohl bei den meisten Familien der Fall. Auch Probleme, die mit der Erziehung zusammenhängen, scheinen für mich schon völlig normal. Auch wenn ich sehr wütend bin und nicht verstehen kann, wenn ich zum Beispiel früh nach Hause muß. Meine Eltern müssen doch mal einsehen, daß sich die Zeiten ändern und nicht die gleichen Maßstäbe ge-

nommen werden können wie vor 30 Jahren. Doch ich habe schon so viele Auseinandersetzungen in diesem Punkt gehabt, so daß ich keine Lust habe, hier nochmal alles durchzukauen. (...)
Ich kann mit Glück sagen, daß ich einige Menschen habe, bei denen ich Dampf ablassen kann. Dazu gehören meine zwei Schwestern. Doch so oft vertraue ich mich ihnen in solchen Dingen eigentlich doch nicht an. Wahrscheinlich trägt der doch relativ große Altersunterschied von sechseinhalb und vier Jahren dazu bei. Durch das Alter kommt es natürlich auch, daß die zwei öfters nicht zu Hause sind oder aber sie müssen für irgendeine Prüfung lernen. Aber ich möchte hier keinen Vorwurf gegen meine Schwestern machen. Ich bin ja auch froh, wenn ich mit meinen Freundinnen alleine zusammen bin. Dort kann ich auch alle Probleme besprechen. Schließlich sind sie im gleichen Alter und sehen alles ziemlich ähnlich wie ich. So helfen wir uns gegenseitig, soweit man das verwirklichen kann. Es muß ja nicht immer mit einer praktischen Tat verbunden sein. In den meisten Fällen hilft einfaches Zuhören schon ein bißchen. Ich finde sowieso, daß viel zu wenig zugehört wird. Nicht nur die Erwachsenen, die uns oft als kleine Kinder abstempeln – nein, auch die Jugendlichen hören oft nur mit einem Ohr zu, oder, was nach meiner Meinung traurig aber häufig der Fall ist, man traut sich erst gar nicht über Dinge zu reden, die jemanden bewegen. Aber es gibt solche und solche. Doch zum Glück bin ich so erzogen worden, daß ich meine Gefühle anderen zeigen kann. Mir tun die Jugendlichen leid, die das nicht können. Also trotz „Freunden" allein dastehen, wenn es um solche Dinge geht. Ich glaube, daß dadurch ein Teil der großen Anzahl von Kriminellen und Drogenabhängigen, sei es Alkohol, Tabletten usw., zu erklären ist. Dies ist nur meine persönliche Meinung und soll keine unbestrittene Ansicht sein. Vielleicht irre ich mich ja auch, aber ich wüßte zum Beispiel nicht, was ich ohne meine beiden Freundinnen machen würde. Vielleicht klingt dies hier für viele überschwenglich.

Iris (16)

A1: Mit wem besprecht ihr meistens eure Probleme? Wie war das früher? Hat sich etwas geändert?
A2: Was macht ihr, wenn Freunde oder Geschwister mit euch über Dinge reden wollen, die sie bewegen?
A3: Stellt euch vor, ihr habt große Sorgen, doch da ist niemand, mit dem ihr darüber reden könnt. Was könntet ihr tun?

1.6.3 „Diese Todesangst ist einfach super"

Jugendliche stürzen sich von Brücken, der Golden Gate Bridge in San Francisco zum Beispiel, nachdem sie sich vorher mit einem Seil, das an ihren Fußfesseln und an einer Brüstung befestigt ist, abgesichert haben. Viele hängen sich an einen Baukran und lassen sich dann in die Tiefe fallen. Man nennt es Bungeespringen. Fragt man die Jugendlichen, warum sie diesen Wahnsinn treiben, antworten sie, es ist toll, beim Sturz die Angst zu genießen, oder: das Gefühl zu springen ist „super". Andere Jugendliche sprechen von der aufregenden Todesangst, von dem atemberaubenden Moment vor dem Sprung, wenn das

Herz bis zum Hals klopft, von dem unheimlichen Glücksgefühl, ihre Angst und Panik überwunden zu haben. Sie wollten ausprobieren, wie es ist, sich einfach ins Nichts fallen zu lassen.
Die Spiele – vor allem der männlichen Jugendlichen – werden immer gefährlicher. (...)
Weil niemand verstehen kann, warum sich junge Menschen so freiwillig in die Nähe des Todes begeben, haben sich Experten die Köpfe darüber zerbrochen. Sie sagen: Kinder und Jugendliche brauchen Vorbilder, denen sie nacheifern können. Doch anders als in früheren Generationen, wo die Vorbilder in der Familie, im Freundeskreis oder auch in der Schule anzutreffen waren, werden ihnen heute die Idole per Fernseher oder Video ins Haus geliefert. Dort lernen sie, daß „ein richtiger Kerl" sich durchsetzen und mit Kraft, Brutalität und Gewalt seinen Weg durch den Dschungel der Gesellschaft bahnen muß. (...)
Viele Jugendliche erleben Gewalt, die ihnen angst macht, und die Angst wiederum macht sie wütend. (...)
Es ist die Wut über die gewalttätige Welt der Erwachsenen, die sie jeden Abend in den Nachrichten im Fernsehen beobachten. Sie sehen Bilder von brutalen Kriegen und schrecklichen Naturzerstörungen, dabei haben sie selbst vielleicht Eltern, die mit ihren Problemen gar nicht fertig werden, die sich anschreien oder sogar prügeln. Da fühlen sich junge Menschen ohnmächtig, und das macht Wut bis zum Platzen. Sie protestieren gegen eine Welt, in der sie nicht mehr durchblicken. Aber sie protestieren anders als Jugendliche früher, sie gehen nicht mehr auf die Straße und demonstrieren und schimpfen laut, sondern sie protestieren, indem sie sich selbst einer Gefahr ausliefern. Sie nehmen Drogen oder suchen eine Heimat in

Leben und Lebensstadien

radikalen politischen Gruppen, oder sie suchen sich einen Führer, einen Guru in einer Sekte, oder sie wollen sich als Geisterfahrer auf der Autobahn oder beim U-Bahn-Surfen als Einzelkämpfer beweisen.

Vielleicht, so vermutet ein Experte, ist dieses ganze gefährliche Spiel ein Hilferuf der Jugendlichen, sie wollen schreien: Warum hört mir denn keiner zu? Warum hält mich denn keiner fest? Warum gibt mir keiner Nähe, Liebe und Geborgenheit? Im Grunde sind diese Jungen wenig selbstbewußt, weil sie wenig Anerkennung bekommen haben, deshalb müssen sie sich immer beweisen, daß sie todesmutige Kerle sind, aber eigentlich sind sie sehr einsam und unglücklich.

Auch Mädchen richten die Wut gegen sich selbst, aber sie machen nicht so oft diese gefährlichen Spiele. Ihre Wut ist eine „stille Wut". Zum Beispiel ist die Selbstmordrate bei Mädchen höher als bei Jungen. Sie nehmen Drogen oder essen entweder zuviel oder gar nichts, das nennt man dann Freß- oder Magersucht. Alle diese Verhaltensweisen sind ein Hilfeschrei an die Erwachsenen.

Helga Levend

A1: Habt ihr vielleicht selbst schon Erfahrungen mit gefährlichen „Spielen" gemacht, wie sie im Text beschrieben sind, oder kennt ihr jemanden, der damit Erfahrung hat? Was waren oder sind die Gründe für solche Handlungen und Verhaltensweisen?

A2: Drogen – U-Bahn-Surfen – Sekten – radikale politische Gruppen: Wodurch werden junge Leute angezogen? Welche Gefahren seht ihr?

A3: Stellt euch vor, euer bester Freund oder eure beste Freundin erzählt euch, daß er/sie Drogen nimmt und daß das „ein echt starkes Gefühl ist, endlich mal aus allem auszusteigen". Was könnt ihr erwidern?

1.6.4 Wir machen Politik, aber anders

Wolfgang, ein engagierter Erwachsener, ist sauer auf Jugendliche:

Es ist kein Geheimnis, daß ich mich oft über Erwachsene, über ihre Sturheit, ihr fehlendes Engagement, ihre Gleichgültigkeit aufrege. Doch in jüngster Zeit wendet sich das Blatt: Ich rege mich jetzt mehr über Jugendliche auf. Zum Beispiel neulich in einer Oberstufe (…). Ich hatte gerade von unserer Arbeit im Eine-Welt-Laden erzählt, da schallt es mir nach kurzer Diskussion entgegen: „Ihr Erwachsenen zerstört unsere Welt und damit unsere Zukunft." Ob Ihr es glaubt oder nicht: Dieser Vorwurf hat mich nicht aus der Ruhe gebracht, denn er ist richtig. Es sind tatsächlich die Erwachsenen, die so wirtschaften und leben, als gebe es Euch nicht. Da ich mich selbst jedoch engagiere, hat mich dieser Vorwurf nicht allzu sehr getroffen. Getroffen hat mich jedoch Eure Antwort auf meine simple Frage, wo Ihr Euch eigentlich politisch engagiert, um die Erwachsenen zur Umkehr zu zwingen: Schweigen im Walde. Niemand engagiert sich irgendwo. Politik ist „bäh".

Nun wäre dies keiner Erregung wert, wenn diese Oberstufe eine Ausnahme gewesen wäre. Doch das war sie mitnichten. Denn erstens antworteten andere Schulklassen auf die gleiche Frage mit ähnlich lautem Schweigen. Zum anderen haben die meisten politischen Initiativen, Organisationen und Parteien in dieser Stadt (und natürlich auch in anderen Städten) schon seit Jahren keine Jugendlichen mehr gesehen – Ausnahmen bestätigen die Regel. (...) Sicher, so mancher Jugendliche war vielleicht schon einmal auf dem Treffen irgendeiner Organisation oder gar auf einer Parteiversammlung. Angeödet von langen Satzungsdiskussionen und einer formalen Tagesordnung hat er oder sie dann auf Nimmerwiedersehen das Weite gesucht. Sicher, viele Parteiversammlungen oder Vereinstreffen versprühen bestenfalls die Stimmung eines Schlafwagens. Doch, warum bitteschön, mischen die Jugendlichen die Sache dann nicht auf – warum reißen sie die Erwachsenen nicht aus ihrer Schläfrigkeit, die den Jugendlichen die Zukunft verderben wird? (...)

Es gibt viele schlaue Sprüche, mit denen Politiker und Philosophen die Öffentlichkeit langweilen, doch einer stimmt: Politik sei das zähe Bohren von Löchern in dicke Bretter, sagte der ehemalige Bundespräsident Gustav Heinemann. Und die Bretter, die wir Erwachsenen Euch Jugendlichen heute hinterlassen, sind wirklich dick. Darüber könnt Ihr motzen, doch dann seid Ihr die gleichen Heuchler wie viele Erwachsene, die im Glashaus sitzen und mit Steinen werfen – oder Ihr könnt bohren ...

provo 1/94

Zwei Jugendliche antworten:

KIRSTEN: Da hört doch wohl alles auf! Politik heißt, was tun und was sagen! Aber das, was diese verkorksten, verdreht denkenden Leute da oben veranstalten, ist keines von beiden. Ich war noch nie auf einer Parteiversammlung, und das werde ich vorläufig aus Überzeugung auch nicht ändern!? Wir machen also keine Politik, wie?! Du wirst Dich wundern, wir tun es nur anders als Ihr, und das könnt Ihr anscheinend weder sehen noch verstehen! Warum rennen wohl auf einmal alle Jungs mit langen Haaren herum, warum zerfetzte Klamotten, verfilzte Haare, fettige Haare? (...) Warum rennt alle Welt in Techno-Discos? Warum ist jeden Tag eine Schlägerei zwischen den „Linken" und „Rechten"? Warum betreiben so viele Jugendliche diesen Selbstmordzeitvertreib: S-Bahn-Surfen? Warum schmeißen Jugendliche die Schule, den Job und schließlich das Leben? (...) Merkt Ihr denn gar nichts??? Wir schreien zum Himmel, und Ihr steht in dem wahnsinnigen „Lärm" und sagt: „Ich kann gar nichts hören!" Die Jugendlichen tun es, weil sie klarmachen wollen, daß Euer System, Eure Gesellschaft auch so ist, wie sie heißt (Wegwerfgesellschaft). Sie wollen das gesellschaftliche Zahnrad blockieren, damit komplett Schluß ist, und ein neues aufbauen! Weil nach wie vor das wichtigste Frieden ist, und überall hauen sich die Leute die Köpfe ein. (...) Die Jugendlichen sind total verzweifelt und können nicht damit fertig werden, daß sie in diese total verdrehte Gesellschaft reinwachsen und sie auch noch fördern sollen ...

JULIA: Größtenteils stimmt es, was Wolfgang sagt. Das sehe ich schon allein an meiner Klasse. Jedes Mädchen bemüht sich „in", „hip" und „hop" zu sein. Ihre Gesprächsthemen sind: Mode, Diät und Jungen. Wer viele Jungen nachlaufen, die ist „in", bei welcher das nicht der Fall ist, die ist „out". Die Jungen brüsten sich damit, wie viele Mädchen sie schon gehabt haben und wen sie letztens weswegen zusammengeschlagen haben. Sicher, Ausnahmen gibt es auch. Es gibt einige, die sich Gedanken um die Umweltzerstörung machen, um Politik und Fremdenhaß. Aber sie wissen nicht, an wen sie sich wenden sollen, für was sie sich engagieren sollen und wie. Weil die Erwachsenen versagt haben, müssen jetzt wohl die Kinder ran. Oder?

provo 2/94

A1: Übernehmt die Rollen von Wolfgang, Kirsten und Julia, und führt die Diskussion weiter.
A2: Sollten sich junge Leute in eurem Alter mit Politik beschäftigen? Macht konkrete Vorschläge, in welcher Form sie sich beteiligen sollen und können.

1.6.5 So sehen sie ihre Zukunft

JULE, 14: Ich habe Angst vor Krieg und Umweltzerstörung. Seit dem Krieg in Jugoslawien weiß ich, daß Krieg jederzeit möglich ist. Ich glaube nicht mehr an die Vernunft der Menschen. Ich wünsche mir für meine Zukunft, daß alle Kernkraftwerke stillgelegt werden.
KIRSTIN, 15: Ich hoffe, daß es endlich möglich sein wird, Krebs und Aids zu bekämpfen. Ich vertraue dem Fortschritt. Ich werde auch mal Wissenschaftlerin.
MICHAEL, 14: Ich freue mich auf das Erwachsensein. Endlich tun und lassen, was ich will. Ich habe große Hoffnung, daß mit den neuen Techniken eine spannende Welt entsteht. Ich will mal zum Mond fahren.

KARIN, 16: Ich habe Angst, daß ich einmal, wenn ich alt bin, abgeschoben werde. Die Gesellschaft wird immer kälter und egoistischer, die interessiert sich nicht für schwache Menschen und für die Natur. Deshalb hätte ich gerne eine Familie. Aber ich weiß nicht, ob ich den Kindern ein Unglück zufüge, wenn ich sie in diese Welt setze. Ich denke, daß die Menschen nicht menschlicher werden.

MARION, 17: Wer keine Angst vor der Zukunft hat, ist ein Idiot. Die Chancen stehen schlecht. Die Menschen machen die Natur kaputt und sie machen Krieg. Ich habe Angst, daß die Menschen in der Dritten Welt eine Atombombe bauen und sich für die Ausbeutung an den reichen Ländern rächen werden. Trotzdem will ich Kinder haben, sonst wird man ja total hoffnungslos.

MARLEN, 17: Ich wünsche mir genug Geld zum Leben, eine kleine Wohnung mit Garten oder Balkon, einen lieben Ehemann und viele Freunde. Wenn man die hat, kann einem nicht mehr so viel Schreckliches passieren.

MICHAEL, 16: Ich habe eigentlich keine Angst vor der Zukunft. Ich sehe schon die Gefahren: Krieg, Umweltzerstörung, Fremdenhaß. Das finde ich furchtbar. Aber ich lebe trotzdem gerne und glaube daran, daß es immer Menschen gibt, die so denken wie ich. Insgesamt finde ich das Leben schön und spannend, deshalb will ich auch eine Familie haben, obwohl ich selbst ein Einzelkind bin. Mir fehlen Geschwister. Das Leben ist schöner in einer großen Gemeinschaft, und es liegt an jedem selbst, etwas aus seinem Leben zu machen. Man kann sich nicht immer auf die anderen verlassen und nur klagen und jammern.

provo 2/93

A1: Wie seht ihr eure Zukunft? Welche Ängste und Hoffnungen habt ihr?
A2: Was könnt ihr jetzt bereits tun, um eure Vorstellungen für später zu verwirklichen?

1.7 Die Erwachsenen

A: Stellt Bilder erwachsener Menschen aus Illustrierten und Werbematerialien zusammen. Welche Vorstellungen begegnen euch? Notiert dazu Stichpunkte.

1.7.1 Wenn die Menschen das würden, was sie mit vierzehn sind ...

Die Überzeugung, daß wir im Leben darum zu ringen haben, so denkend und so empfindend zu bleiben, wie wir es in der Jugend waren, hat mich wie ein treuer Berater auf meinem Wege begleitet. Instinktiv habe ich mich dagegen gewehrt, das zu werden, was man gewöhnlich unter einem „reifen Menschen" versteht.

Der Ausdruck „reif" auf den Menschen angewandt, war mir und ist mir noch immer etwas Unheimliches. Ich höre dabei die Worte Verarmung, Verkümmerung, Abstumpfung als Dissonanzen mitklingen. Was wir gewöhnlich als Reife an einem Menschen zu sehen bekommen, ist eine resignierte Vernünftigkeit. Einer erwirbt sie sich nach dem Vorbilde anderer, indem er Stück um Stück die Gedanken und Überzeugungen preisgibt, die ihm in seiner Jugend teuer waren. Er glaubte an den Sieg der

Wahrheit; jetzt nicht mehr. Er glaubte an die Menschen; jetzt nicht mehr. Er glaubte an das Gute; jetzt nicht mehr. Er eiferte für Gerechtigkeit; jetzt nicht mehr. Er vertraute in die Macht der Gütigkeit und der Friedfertigkeit; jetzt nicht mehr. Er konnte sich begeistern; jetzt nicht mehr. Um besser durch die Fährnisse und Stürme des Lebens zu schiffen, hat er sein Boot erleichtert. Er warf Güter aus, die er für entbehrlich hielt. Aber es war der Mundvorrat und der Wasservorrat, dessen er sich entledigte. Nun schifft er leichter dahin, aber als verschmachtender Mensch.

In meiner Jugend habe ich Unterhaltungen von Erwachsenen mitangehört, aus denen mir eine das Herz beklemmende Wehmut entgegenwehte. Sie schauten auf den Idealismus und die Begeisterungsfähigkeit ihrer Jugend als auf etwas Kostbares zurück, das man sich hätte festhalten sollen. Zugleich aber betrachten sie es als eine Art Naturgesetz, daß man das nicht könne.

Da bekam ich Angst, auch einmal so wehmütig auf mich selber zurückschauen zu müssen. Ich beschloß, mich diesem tragischen Vernünftigwerden nicht zu unterwerfen. Was ich mir in fast knabenhaftem Trotze gelobte, habe ich durchzuführen versucht. (...)

Wir alle müssen darauf vorbereitet sein, daß das Leben uns den Glauben an das Gute und Wahre und die Begeisterung dafür nehmen will. Aber wir brauchen sie ihm nicht preiszugeben. Daß die Ideale, wenn sie sich mit der Wirklichkeit auseinandersetzen, gewöhnlich von den Tatsachen erdrückt werden, bedeutet nicht, daß sie von vornherein vor den Tatsachen zu kapitulieren haben, sondern nur, daß unsere Ideale nicht stark genug sind. Nicht stark genug sind sie, weil sie nicht rein und stark und stetig genug in uns sind. (...)

Das große Geheimnis ist, als unver-

brauchter Mensch durchs Leben zu gehen. Solches vermag, wer nicht mit den Menschen und Tatsachen rechnet, sondern in allen Erlebnissen auf sich selbst zurückgeworfen wird und den letzten Grund der Dinge in sich sucht. (...)

Das Wissen vom Leben, das wir als Erwachsene den Jugendlichen mitzuteilen haben, lautet also nicht: „Die Wirklichkeit wird schon unter euren Idealen aufräumen", sondern: „Wachset in eure Ideen hinein, daß das Leben sie euch nicht nehmen kann."

Wenn die Menschen das würden, was sie mit vierzehn Jahren sind, wie ganz anders wäre die Welt!

Albert Schweitzer

A: Führt den Satz von Albert Schweitzer selber fort:
Wenn die Menschen das würden, was sie mit vierzehn Jahren sind, dann ...

1.7.2 Trari trara das Kind ist da (für Jürgen)

Bevor das Kind da ist, ist man das Ziel so vieler Hilfen, Aufklärungen, Ermutigungen. Ist es endlich da, bist du plötzlich allein damit.
Neun Monate hast du Schonfrist, dann sollst du aufhören, als Person zu existieren und sollst das Glück der Familie sichern.
Was sind neun Monate gegen zwanzig Jahre. (…)
Jeden Moment kann das Weinen ausbrechen nebenan, ich fühle mich nicht mehr sicher in meiner Zeit. Ausgeliefert einer Willkür. (…)
Manchmal fällt mir wieder ein, daß ich früher nie mit Kindern umgehen konnte, daß ich mich nie sonderlich für sie interessierte. Ich fühle mich schuldig, als hätte ich etwas versäumt, auf nachlässig fahrlässige Art. (…)
Sobald man etwas äußert, was nicht als „absolutes Mutterglück" verstanden werden kann, verschließen sich die Gesichter. „Warum hast du das Kind denn haben wollen?" (…)
Die Angst und Hilflosigkeit, die sich in mir breit macht, wenn das Kind schreit, schreit.
Die große Angst, es könnte krank sein, schwer krank.
Und manchmal dann die fast schrecklose Vorstellung davon, was alles passieren könnte. (…)
Ich möchte erklären, wie verrückt ich mich fühle: wie zerrissen, wie verunsichert, wie überstolz und katzenzärtlich – ich fange an, suche nach Worten, und schon werde ich gebremst mit dem Hinweis, das wäre „normal".

Obwohl ich glaube (hoffe), daß ich eine Tochter gleich behandeln würde wie einen Sohn, war ich froh zu hören, daß unser Kind ein Mädchen ist. (…)
Außerdem wird Nina niemals Soldat

werden müssen. Und sie wird (vermutlich) leichter ihren Platz finden im ganz langsam bröckelnden Rollenbild der Frau als in der sich eher noch verhärtenden Welt der Männer. Ich könnte keinen „Kämpfer" aufziehen, da ich selbst kein Kämpfer bin. (…)

Ich weiß, es gäbe Möglichkeiten, jetzt schon Kind und Beruf zu verbinden (um vielleicht mancher Traurigkeit zu entgehen).
Es ist nicht Märtyrertum, daß ich zu Hause bleibe. Auch nicht Pflichtgefühl (oder nur ganz wenig). Von den negativen Beweggründen am ehesten noch Egoismus: das Aufwachsen des Kindes selbst zu erleben, sein tägliches Größerwerden, und in seine beginnende Welt einbezogen zu werden (und nicht nur in das Weinen nachts). (…)
„Wenn du vielleicht Zeit hättest, könntest du noch …"

Ich muß aufpassen, daß nicht mein ganzer Tag von den andern belegt wird. Jetzt, wo ich „verfügbar" scheine, muß ich plötzlich meinen eigenen Raum verteidigen – früher stand er mir selbstverständlich zu (und war wesentlich größer).

Abends, wenn ich mir überlege, was ich den ganzen Tag über alles gemacht habe, kommen mir nur Windeln und Fläschchen in den Sinn, und es deprimiert mich, daß ich so müde bin davon („von nichts"). (…)

Wenn Nina zwanzig Jahre alt sein wird, bin ich siebenundvierzig. Ich erschrecke vor diesen Zahlen … und doch machen sie mir Mut: was kann man mit siebenundvierzig noch alles anfangen! Dann werde ich wieder leben, wie ich es mir ganz allein vorstelle.

Verena Stössinger

A1: Vor welchen Problemen sieht sich die Mutter des kleinen Kindes?
A2: Welche schönen Erlebnisse kann es für sie geben, bis Nina zwanzig Jahre alt sein wird?
A3: Wie könnte eine solche „Aufstellung" für den Vater des Kindes aussehen?
A4: „… was kann man mit siebenundvierzig noch alles anfangen!" Was haltet ihr von einer solchen Perspektive?

1.7.3 „Not-wendige" Visionen

Die Erwachsenen – und nicht nur sie – in den östlichen Bundesländern haben Erfahrungen gemacht, die anderen Deutschen oft unbekannt sind. Davon berichtet Eva-Maria K.

Ich bewahre sie auf wie andere ihren Hochzeitsstrauß: eine einfache weiße Haushaltskerze in einem aufgeschnittenen Plastebecher, die letzte „Demo"-Kerze vom Februar 90, Erinnerung an eine Hoch-Zeit in meinem Leben, nur vergleichbar der Zeit der großen Liebe. Es war eine Zeit der großen Gefühle, der großen Erlebnisse, der großen Hoffnungen und Erwartungen. Ich erinnere mich der ersten Demonstration, die von soviel Angst besetzt war, weil noch „verboten", die noch nicht begleitet war von Leuten des Neuen Forums mit den Spruchbändern „Keine Gewalt". Wenn der Zug ins Stocken geriet, fragten wir uns bang, was wohl die Ursache sei. Gab es am Kopf etwa schon Auseinandersetzungen mit der Polizei? Würde sich wiederholen, was 14 Tage vorher auf dem Fetscherplatz passiert war, als die Demonstranten, in eine Falle lanciert, von der Polizei erwartet und umzingelt worden waren? Doch es gab keine Gewalt mehr, auch nicht, als die aufgebrachte Menge an den Gebäuden der Polizei vorbeimarschierte und ihren Zorn mit skandierten Rufen und mit Kerzen, die sie an diesen Gebäuden abstellten, zum Ausdruck brachte.

Während der folgenden vier Monate war ich fast jeden Montag in Dresdens Innenstadt mit im Zuge der Menschen, die plötzlich aus 40 Jahren Stagnation, Passivität und Angst erwacht waren, die das Joch eines totalitären Unrechtsregimes abschütteln wollten – mit Gewaltlosigkeit, mit Solidarität, mit brennenden Kerzen. Und welche Hoffnungen, welche Visionen entstanden in diesen

Nächten auf den Straßen und Brücken Dresdens, in den Kirchen und auf den Kundgebungen, wenn wir Worten lauschten, die wir zwar alle heimlich gedacht, aber nie öffentlich auszusprechen gewagt hätten, wenn Menschen aus den verschiedensten sozialen Schichten den Mut fanden, vor Tausenden von Menschen zu sprechen.

Und welche Solidarität, welche Brüderlichkeit und Schwesterlichkeit verband uns, die wir nebeneinander liefen, wenn wir einander die ausgelöschten Kerzen wieder anzündeten, wenn wir halfen, wo es nötig war, auch denen am Straßenrand, wenn sie uns brauchten, wenn wir spürten, daß der andere neben uns genauso dachte, fühlte wie wir! Mir war immer, als müßte ich meine Hände schützend halten über diese Menschen, denen es ohne Blutvergießen, ohne Gewalt, ohne Terror gelungen war, eine Macht zu stürzen, die so fest, so unantastbar, so totalitär schien durch die Ketten der Angst, die sie einem Volke angelegt hatte. Waren das noch dieselben Menschen, die 40 Jahre lang duldsam, geduckt, angepaßt und unauffällig in diesem Staate sich so vieles an Unfreiheit gefallen gelassen hatten? Und die Menschen, die in den Kirchen Dresdens zusammengekommen waren, deren heftigster Beifall der Forderung galt: „Unseren Kindern soll in den Schulen kein Feindbild mehr aufoktroyiert werden", waren es dieselben, von denen man geglaubt hatte, daß viele Ideale im alltäglichen Versorgungsdenken verschüttet worden waren?

In mir entstand die Vision, daß diese Menschen nun die Kraft haben werden, etwas ganz Neues, noch nie Dagewesenes zu schaffen, ein Gemeinwesen, in dem die alten, bisher noch nie eingelösten Forderungen der Französischen Revolution „Freiheit, Gleichheit, Brüderlichkeit" endlich lebbare Realität werden würden.

Als mich nach meiner großen Enttäuschung einer fragte: „Hast du wirklich geglaubt, daß sich die Menschen so grundlegend ändern?", da antwortete ich: „Ja, das habe ich geglaubt." Ich selbst war eine andere geworden. Vorher war ich politisch nicht sonderlich interessiert. In den Medien und der Presse waren nur Phrasen zu hören und zu lesen; und jede Verweigerung, alles Tun waren vom Gefühl der Ohnmacht begleitet. Nun erlebte ich durch mein Mittun, daß sich unsere Welt veränderte, daß sich das Rad der Geschichte bewegte, indem viele Hunderte in die Speichen griffen. Ich fühlte in mir Kräfte wach werden, ich begann mich verantwortlich zu fühlen für das, was geschah. Diese „friedliche Revolution", wie ich sie so gern nenne, füllte meine Gedanken völlig aus. Ich fühlte mich hineingenommen in den Ruf: „Wir sind das Volk."
(...)
Ich hätte mir gewünscht, daß Deutschland, das man so gern als Herz Europas bezeichnet, durch seine Lage und seine Geschichte und nach seiner Wiedervereinigung nach 40 Jahren Trennung zum Vorreiter geworden wäre für ein Gesellschaftsmodell, in dem Frieden und Gerechtigkeit, Chancengleichheit und Geschwisterlichkeit höhere Werte darstellen als Konsum- und Konkurrenzdenken, Wirtschaft und Geld. Die Tage im Herbst 89 haben diese Visionen in mir erstehen lassen, und ich glaube, sie sind „not-wendig", damit die Not in der Welt gewendet wird und damit Leben weiter möglich bleibt auf unserem blauen Planeten Erde.

Eva-Maria K. (55)

A1: Ihr wart noch Kinder, als die Erwachsenen in der ehemaligen DDR ihre in verschiedenster Hinsicht konfliktreichen Erfahrungen mit der Wende gemacht haben. Sprecht über eure eigenen Erinnerungen, über das, was euch erzählt wird, und wie ihr jetzt die Situation der Erwachsenen – also auch eurer Eltern – erlebt.

A2: Manche Menschen behaupten, daß die Unterschiede zwischen den Altersstufen – zwischen den 10- und 20jährigen, den 15- und 30jährigen – so tief seien, daß die Jüngeren die Älteren nicht mehr verstehen, ihre Probleme und Lebenseinstellungen nicht nachvollziehen können. Könnt ihr diese Beobachtung bestätigen, oder habt ihr andere Erfahrungen gemacht?

1.8 Das Alter

1.8.1 Die Kindheit und das Alter gleichen sich

Kindheit und Alter gleichen sich. In beiden Fällen ist man, aus unterschiedlichen Gründen, recht ungeschützt, man nimmt noch nicht – oder nicht mehr – am aktiven Leben teil, und kann für alles uneingeschränkt offen und empfänglich sein. Während der Pubertät beginnt sich dann ein unsichtbarer Panzer um unseren Körper zu legen. Er bildet sich während der Pubertät und wird während des gesamten Erwachsenenlebens immer dicker. Mit seinem Wachstum verhält es sich ähnlich wie bei den Perlen, je größer und tiefer die Verletzung, um so stärker ist der Panzer, der sich darum entwickelt. Im Lauf der Zeit

jedoch nutzt er sich dann an den am stärksten strapazierten Stellen allmählich ab wie ein Kleid, das man zu lange getragen hat, wird fadenscheinig, bekommt bei einer schroffen Bewegung unvermutet einen Riß. Anfangs bemerkst du es gar nicht, du bist überzeugt, daß der Panzer dich noch völlig umgibt, bis du eines Tages auf einmal wegen irgendeiner Dummheit in Tränen ausbrichst wie ein Kind, ohne zu wissen, warum.

Susanna Tamaro

1.8.2 Miteinander statt nebeneinander

Ein Jugendgruppenleiter berichtet:

Als „normale" Jugendgruppe gab es uns schon eine ganze Zeit. Wir verbrachten einen Teil der Freizeit miteinander, bastelten oder trieben zusammen Sport. Eines Tages kam eines der Mädchen aus der Gruppe, Meike, ganz aufgeregt zu unserem Treffen: Eine alte Nachbarin, an der Meike sehr hing, hatte sich nicht mehr selber versorgen können und war deshalb in ein Altenheim gezogen. Meike hatte sie besucht und berichtete nun von ihrem Besuch. Manche Leute dort hätten überhaupt keine Familie mehr und kaum Besuch. Daher hätten sie auch wenig Abwechslung und langweilten sich oft. Wir haben an diesem Nachmittag lange darüber gesprochen, und schließlich haben wir beschlossen zu helfen. Da wir nicht einfach zu zwanzig unangemeldet dort ankommen konnten, nahmen wir Kontakt mit der Heimleiterin auf, die auch sofort mit unserem Vorhaben einverstanden war und das erste Treffen im Heim organisierte. Natürlich war es nicht damit getan, daß wir die alten Leute nur einmal besuchten. Wir haben deshalb weitergemacht. Einzeln oder in Gruppen besuchen wir die Menschen dort, zum Kaffeetrinken, zum Unterhalten, zum Vorlesen, zum Musikmachen oder Spielen.

Albrecht Dürer: Bildnis seiner Mutter

Und so sehen es Jugendliche aus der Gruppe:

Heinz: Einige meiner Freunde können nicht verstehen, daß ich an zwei Nachmittagen im Monat lieber ins Altenheim gehe, als mit ihnen Fußball zu spielen. Aber das ist einfach eine wichtige Erfahrung für mich. Mit einigen von den alten Leuten verstehe ich mich richtig gut. Ein alter Mann hat mir Schach beigebracht, und wenn wir über den nächsten Zug grübeln, habe ich nicht das Gefühl, ein „Opfer" zu bingen. Ich bekomme selbst eine ganze Menge zurück.

Cornelia: Ich habe meine Großeltern nie kennengelernt, weil sie schon sehr früh gestorben sind, aber jetzt habe ich eine richtige „Adoptiv"-Oma, die ich oft be-

Alter **37**

suche und die mir auch viel erzählt aus der Zeit, als sie jung war. Das ist eine Zeit, von der ich bisher so gut wie gar nichts wußte, und ich höre gerne zu.

Von den alten Leuten äußert sich jemand wie folgt:

Rentner, 75: Am Anfang war ich ein wenig skeptisch, als die jungen Leute zu uns ins Heim gekommen sind. Ich dachte, das sind zwei so verschiedene Welten, das kann doch nicht gutgehen. Inzwischen möchte ich ihre Besuche nicht mehr missen. Sie sind eine wichtige Verbindung zur Außenwelt geworden und erinnern uns durch ihre Anwesenheit und ihre Lebendigkeit immer wieder daran, wie wichtig es ist, sich nicht einzuigeln, sondern auch Neues auszuprobieren und neue Kontakte zu knüpfen.

A1: Betrachtet die Bilder auf Seite 36. Welche „Gesichter" kann das Alter haben? Sammelt weitere Bilder (Fotos, Kopien von Gemälden …) oder Ausschnitte aus Büchern, die ihr gelesen habt, und vergleicht, wie das Alter dargestellt wird.
A2: Die alten Menschen in den Familien, die Omas und Opas, die Uromas und Uropas, wissen in mancher Beziehung viel mehr als wir. Sie wissen besser, woher die Familie kommt und was die Vorfahren gemacht haben. Sie kennen Zeiten und gesellschaftliche Zustände, die für uns Vergangenheit sind. Befragt alte Leute und tauscht aus, soweit es nicht ausgesprochen Privates ist, was ihr erfahren habt.
P: Informiert euch über die Situation älterer Menschen in eurer näheren Umgebung. Überlegt, ob ihr ein Altenheim besuchen könnt und was ihr dabei beachten müßt.

38 *Leben und Lebensstadien*

1.8.3 Aktiv – auch im Alter

Aus einer Broschüre für ältere Mitbürger:

48 Prozent der über 55 Jahre alten berufstätigen Frauen und Männer wünschen sich eine gezielte Vorbereitung auf Alter und Ruhestand. 38 Prozent der über 60jährigen halten Weiterbildungsmaßnahmen auch im fortgeschrittenen Alter für sinnvoll. Wer bereits in früheren Jahren im Berufsleben an Weiterbildungsaktivitäten teilgenommen hat, zeigt sich auch in anderen Lebenszusammenhängen und in späteren Jahren solchen Angeboten gegenüber aufgeschlossen. Das hat das Bundesministerium für Bildung und Wissenschaft in einer Untersuchung zum Weiterbildungsverhalten herausgefunden. Die Bundesregierung wird sich deshalb künftig verstärkt für die Weiterbildung älterer Menschen einsetzen.

Für manch einen mag sogar ein reguläres Universitätsstudium in Frage kommen. Über 40 Hochschulen sprechen auch heute schon gezielt ältere Menschen an, ihre Lehrveranstaltungen für die Weiterbildung zu nutzen. (...)

Für andere bietet die „Seniorenuniversität" oder „Universität für das dritte Lebensalter", wie wir sie unter anderem aus Modellversuchen in Dortmund, Marburg, Mannheim und Frankfurt kennen, eine neue Betätigung.

Doch auch Bildungsreisen ins Ausland, das Erlernen einer neuen Sprache, das Aufnehmen von Wissen in Volkshochschulkursen und Familienbildungsstätten, das Auffrischen oder gar der Neuerwerb von Fähigkeiten und Fertigkeiten handwerklicher oder künstlerischer Art können vielen Menschen im Alter das Gefühl geben, endlich etwas zu tun, wofür während des bisherigen Lebens, des Berufes oder der Sorge um die Familie keine Gelegenheit bestand.

An vielen Orten gibt es heute auch schon Angebote an „Aktiv-" und Bildungsreisen für ältere Menschen oder Börsen für alleinreisende ältere Menschen, wie die Initiative von Frau Harms-Wichmann zeigt:

„Angefangen hat alles mit Klagen von alleinreisenden älteren Menschen, die sich zurückgesetzt fühlten", schmunzelt Frau Harms-Wichmann, Initiatorin der BöfA (Börse für alleinreisende ältere Menschen). „Das hat mich zu der Kleinanzeige ‚wer reist mit mir durch Deutschland?' animiert. Das Echo war gewaltig."

Heute hat Frau Harms-Wichmann eine Kartei mit über 1800 Interessenten. Seit 1986 vermittelt sie – und nicht nur hierzulande. Ihre „Kunden" wollen sich Jugendträume erfüllen – und sie schließen die ganze Welt ein.

Gemeinsam statt einsam

A1: Welche weiteren Möglichkeiten einer aktiven Zeitgestaltung für ältere Menschen könnt ihr euch vorstellen?

A2: Informiert euch, welche Möglichkeiten in eurem Wohn- oder Schulort älteren Menschen für eine aktive Freizeitgestaltung angeboten werden. Wie werden sie angenommen und genutzt?

A3: Eine Initiative, die vor einigen Jahren ins Leben gerufen wurde, nennt sich „Senior Experten Service", in der pensionierte Fachleute aus der Wirtschaft jungen Unternehmern mit Rat zur Seite stehen. In welchen Bereichen würdet ihr gerne den Rat älterer Menschen hören?

1.8.4 Das hohe Alter im Judentum

Der hochbetagte Mensch kann nicht mehr arbeiten. Er wird zum Künder. Tradition vererbt sich von den Großeltern auf die Enkelkinder. „Die in SEIN Haus wurden verpflanzt (...) noch im Greisentum werden sie gedeihn, werden markig sein und frisch, zu vermelden, daß ein Gerader ER ist, mein Fels, Falsch ist an ihm nicht" (Psalm 92, 14 bis 16). Groß ist das Glück der Enkelkinder, die von lebenden Ahnen aus deren Lebenserfahrung lernen können.

Der neuen Generation obliegt es daher, die Alten zu ehren. „Vor Greisengrau steh auf, das Antlitz eines Alten verherrliche: fürchte dich vor deinem Gott. ICH bins" (3. Mose 19, 32). Unsere Gesellschaft vernachlässigt die Alten, verpackt sie in Altersheime, setzt sie tragischem Alleinsein aus. Sind sie arm, dann kann ihnen das Alter zur schrecklich grausamen Notlage werden. „Verherrliche das Antlitz eines Alten." Ihr Lebensstandard muß mindestens dem ihrer früheren Lebensjahre entsprechen, sie dürfen nicht vereinsamen, und die Bedürfnisse des Alters, wie ärztliche Betreuung, müssen treu erfüllt werden. Dies ist jüdische Ethik.

Leo Trepp

Rembrandt: Alter Mann

A: Versucht aus anderen Kulturkreisen, z. B. in Märchen, Erzählungen oder Bildern, Darstellungen alter Menschen zu finden. Welche Gemeinsamkeiten und Unterschiede zu unseren Vorstellungen von alten Leuten entdeckt ihr?

Leben und Lebensstadien

1.9 Sterben und Tod

1.9.1 Bilder vom Tod

Als Edvard Munch fünf Jahre alt war, starb seine Mutter. Etwa dreißig Jahre später malt der Erwachsene dieses Bild.

Edvard Munch: Die tote Mutter   *Memento mori*

A1: Beschreibt das Gemälde von Edvard Munch. Wie erlebt das Kind den Tod der Mutter?
A2: Das „Memento mori" (Gedenke, daß du sterben wirst) war eine gängige Darstellung im Barock. Welche Sicht des Todes wird darin deutlich?
Vergleicht mit dem Bild von Munch.
A3: Ihr habt wahrscheinlich schon alle erlebt, daß ein naher Angehöriger oder ein guter Bekannter gestorben ist. Was habt ihr empfunden? Wie wurde über das Sterben gesprochen, in der Familie, unter Freunden?

Altern und Tod in der Natur

Gewebe und Organe des Körpers nutzen sich im Laufe der Zeit ab und mindern die Leistungsfähigkeit des Körpers. Die Regeneration der Zellen wird mit zunehmendem Alter langsamer. Mit der allgemeinen Schwächung des Körpers läßt auch die Widerstandskraft gegen Krankheiten nach. Nach und nach leisten Organe und Gewebe immer weniger, und das fein aufeinander abgestimmte System „Körper" bricht zusammen – der Tod setzt dem Leben ein Ende.

1.9.2 Der Tod in der Dichtung

Ohne Tod

Wenn einer sich vornähme, das Wort Tod nicht mehr zu benützen, auch kein anderes, das mit dem Tod zusammenhängt, mit dem Menschentod oder mit dem Sterben der Natur. Ein ganzes Buch würde er schreiben, ein Buch ohne Tod, ohne Angst vor dem Sterben, ohne Vermissen der Toten, die natürlich auch nicht vorkommen dürften, ebensowenig wie Friedhöfe, sterbende Häuser, tödliche Waffen, Autounfälle, Mord. Er hätte es nicht leicht, dieser Schreibende, jeden Augenblick müßte er sich zur Ordnung rufen, etwas, das sich eingeschlichen hat, wieder austilgen, schon der Sonnenuntergang wäre gefährlich, schon ein Abschied, und das braune Blatt, das herabweht, erschrocken streicht er das braune Blatt. Nur wachsende Tage, nur Kinder und junge Leute, nur rasche Schritte, Hoffnung und Zukunft, ein schönes Buch, ein paradiesisches Buch.

Marie Luise Kaschnitz

Der Tod

Der Tod ist unser Vater, von dem uns neu empfängt
Das Erdgrab, unsre Mutter, und uns in ihr vermengt;
Wann nun der Tag wird kommen und da wird sein die Zeit,
Gebiert uns diese Mutter zur Welt der Ewigkeit.

Friedrich von Logau

A1: Wie sehen Marie Luise Kaschnitz und Friedrich von Logau den Tod? Vergleicht mit den Bildern auf S. 41.
A2: Versucht selbst, in einem kurzen Prosatext oder einem Gedicht darzustellen, wie ihr den Tod seht.

1.9.3 Was kommt mit dem Tod?

Gegen Verführung

1
Laßt euch nicht verführen!
Es gibt keine Wiederkehr.
Der Tag steht in den Türen;
Ihr könnt schon Nachtwind spüren:
Es kommt kein Morgen mehr.

2
Laßt euch nicht betrügen!
Das Leben wenig ist.
Schlürft es in schnellen Zügen!
Es wird euch nicht genügen
Wenn ihr es lassen müßt!

Es steht noch mehr bereit

1
Laßt euch nicht verführen!
Es gibt eine Wiederkehr.
Der Tag steht in den Türen;
Ihr könnt schon Nachtwind spüren:
Es kommt ein Morgen mehr.

2
Laßt euch nicht betrügen!
Das Leben wenig ist.
Schlürft nicht in schnellen Zügen!
Es wird euch nicht genügen
Wenn ihr es lassen müßt!

3
Laßt euch nicht vertrösten!
Ihr habt nicht zu viel Zeit!
Laßt Moder den Erlösten!
Das Leben ist am größten:
Es steht nicht mehr bereit.

4
Laßt euch nicht verführen
Zu Fron und Ausgezehr!
Was kann euch Angst noch rühren?
Ihr sterbt mit allen Tieren
Und es kommt nichts nachher.
Bertolt Brecht

3
Laßt euch nicht vertrösten!
Ihr habt nicht zu viel Zeit!
Faßt Moder die Erlösten?
Das Leben ist am größten:
Es steht noch mehr bereit.

4
Laßt euch nicht verführen
Zu Fron und Ausgezehr!
Was kann euch Angst noch rühren?
Ihr sterbt nicht mit den Tieren
Es kommt kein Nichts nachher.
Hans Küng

A1: Vergleicht das Gedicht von Bertolt Brecht und die Umdichtung von Hans Küng. Welche Unterschiede stellt ihr fest? Wie ändert sich dadurch der Sinn der beiden Gedichte?

A2: Verändert sich eurer Meinung nach die Einstellung zum Leben, wenn der Glaube an ein Leben nach dem Tod fehlt?

Eine Legende aus dem Zen-Buddhismus: Dung-schans Abschied

Dung-schan ließ sich das Haupthaar noch einmal scheren, warf sich die Meisterkutte über, befahl die große Glocke anzuschlagen, setzte sich vor die Versammlung seiner Hörer, nahm von ihnen Abschied, verhüllte sein Haupt und zeigte damit, daß er sterben wolle. Die Schülerschaft, die an ihm wie an einem Vater hing, brach in lautes Weinen aus, des Schluchzens und des Klagens war kein Ende. Plötzlich schlug der Totgeglaubte die Verhüllung auf und sagte streng: „Die ganze Übung eines Mönches, der das Vaterhaus verlassen hat, zielt letztlich nur darauf, an nichts das Herz zu hängen. Daß man im Leben Müh und Arbeit hat, im Tode aber Ruhe findet, was ist daran zu betrauern?" Darauf ordnete er an, sie sollen, um sich von Traurigkeit und Sehnsuchtsweh zu heilen, eine siebentägige Trauer halten. Am siebten Tage abends ordnete er noch als strenge Regel an, daß künftighin beim Abschied eines Meisters derartiger Aufruhr und Lärm verboten sei, nahm am achten Tage früh ein Bad, setzte sich still hin zur Versenkung und war alsbald verschieden.

Eine Stimme aus dem Islam: Vom Tod

Dann sprach Almitra: Wir möchten nun nach dem Tod fragen.
Und er sagte:
Ihr möchtet das Geheimnis des Todes kennenlernen.
Aber wie werdet ihr es finden, wenn ihr es nicht im Herzen des Lebens sucht?
Die Eule, deren Nachtaugen am Tag blind sind, kann das Mysterium des Lichts nicht entschleiern.
Wenn ihr wirklich den Geist des Todes schauen wollt, öffnet eure Herzen weit dem Körper des Lebens.
Denn Leben und Tod sind eins, so wie der Fluß und das Meer eins sind.
In der Tiefe eurer Hoffnungen und Wünsche liegt euer stilles Wissen um das Jenseits;
Und wie Samen, der unter dem Schnee träumt, träumt euer Herz vom Frühling.
Traut den Träumen, denn in ihnen ist das Tor zur Ewigkeit verborgen.
Eure Angst vor dem Tod ist nichts als das Zittern des Hirten, wenn er vor dem König steht, der ihm zur Ehre die Hand auflegen wird.
Freut sich der Hirte unter seinem Zittern nicht, daß er das Zeichen des Königs tragen wird?
Doch gewahrt er sein Zittern nicht viel mehr?
Denn was heißt sterben anderes, als nackt im Wind zu stehen und in der Sonne zu schmelzen?
Und was heißt nicht mehr zu atmen anderes, als den Atem von seinen rastlosen Gezeiten zu befreien, damit er emporsteigt und sich entfaltet und ungehindert Gott suchen kann?
Nur wenn ihr vom Fluß der Stille trinkt, werdet ihr wirklich singen.
Und wenn ihr den Gipfel des Berges erreicht habt, dann werdet ihr anfangen zu steigen.
Und wenn die Erde eure Glieder fordert, dann werdet ihr wahrhaft tanzen.

Khalil Gibran

A1: Vergleicht die Todesvorstellungen unserer Zeit mit den Aussagen anderer Kulturen auf S. 43 f. Was haben sie gemeinsam? Worin unterscheiden sie sich?
A2: Eine Befragung von 2133 katholischen und evangelischen Christen zum Glaubensbekenntnis hat ergeben, daß nur 50% der Katholiken und 29% der Protestanten an das ewige Leben glauben, 46% der Katholiken und 28% der Protestanten an die Auferstehung der Toten. Versucht, dafür eine Erklärung zu finden.

1.9.4 Sterben? – Sterben!

Sterben in der Erfahrung junger Menschen

Er hält die Mehrzahl der Sterbefälle deshalb für unmenschlich, „weil die jüngere Umwelt kaum noch Anteil am Sterben eines Menschen nimmt", und kann sich vorstellen, „daß das anonyme Sterben im Krankenhaus für den betroffenen Menschen schlimmer ist als eventuelle körperliche Schmerzen". Seiner Meinung nach sollten die Angehörigen bei dem Sterbenden sein, damit dieser „auch in der letzten Phase seines Lebens Liebe, Zuneigung und Geborgenheit von den anderen erfährt". „Dann kann der Sterbende noch auf dem Sterbebett

Glück empfinden", glaubt Josef. In dem „Dabeisein", was zum Schluß bedeuten könne, „einfach am Bett zu sitzen und die Hand des Sterbenden zu halten oder den Schweiß abzutupfen", sieht der Student eine Chance für die Lebenden. Sie können der Auseinandersetzung mit dem Sterben nicht ausweichen und „unter Umständen aufgrund des intensiven menschlichen Kontakts sogar selbst ein Glücksgefühl verspüren". Kleiner Nebenhinweis seinerseits: „Zwar werden Randgruppenprobleme in den Medien ausführlich behandelt, trotzdem leben weite Teile unserer Gesellschaft immer isolierter und verlernen deshalb das Menschsein." Warum, so fragt er sich, sollte der Sterbende nicht in seiner gewohnten Umgebung sterben? „In vielen Fällen wäre das doch möglich"; „in vielen Fällen allerdings", erkennt er, „schieben die Angehörigen den Sterbenden ins Krankenhaus."

Josef Schlösser (25), Student

Sterben im Krankenhaus

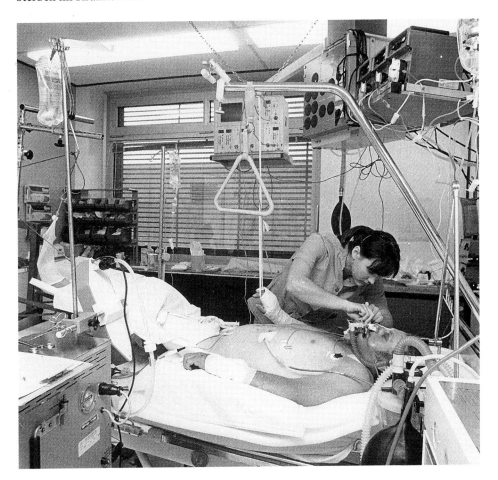

Es war um 10 Minuten vor 6 Uhr; nachdem ich fast 90 Minuten gewartet hatte, kam der glattgesichtige Arzt und sagte, ich könne nun kurz zu N. gehen. Ich ging durch den Vorraum, ich öffnete die Tür. Als ich eintrat, leuchteten seine Augen auf, er sagte: „Endlich bist du da", und verlangte abermals von mir, die Infusionsnadel aus seiner Brust herauszunehmen. Er wechselte zwischen Erkennen und Verwirrtheit, genauso wie in den letzten Stunden. Ich setzte mich wieder rechts von ihm hin, das heißt, ich saß also an seiner linken Seite. Ich erinnere mich nicht, daß wir noch ein Wort gewechselt hätten. Ich war höchstens eine Minute bei ihm, dann bemerkte ich, wie seine rechte Hand heftig und unruhig und ängstlich und zerfahren über das Bettuch hin und herrieb. Ich kannte diese Bewegung, er hatte sie schon mehrmals ausgeführt, nicht aber mit einer solchen Heftigkeit, und ich wußte, daß das Sterben oft solche Formen annimmt. Gesehen hatte ich es allerdings noch nie. Ich stand auf, ich legte ihm die Hand auf die Stirn und sagte zu ihm: „Fürchte dich nicht, fürchte dich nicht." Ich hatte es ihm die ganze Zeit schon sagen wollen. (...) Meine Hand lag auf seiner Stirn. Ich nahm sie weg, er war ruhig. Jetzt konnte ich seine Augen sehen, die ich durch meine Hand bedeckt hatte. Sie waren gebrochen. N. war tot. Sein Gesicht trug den Ausdruck des Entsetzens. Der Kopf war hintenüber geworfen, es war mir, als habe er erst in dieser Sekunde begriffen, daß er sterben müsse, und als ob er darüber sehr erschrocken gewesen sei.

Das alles spielte sich innerhalb einer Viertelminute ab. Draußen hatte eine Schwester die Unruhe des Sterbenden bemerkt, sie rief die Ärzte. Ich hatte gerade seine gebrochenen Augen gesehen, als sie hereinstürzten und mich schlechtweg rauswarfen. Der glattgesichtige Arzt rief: „Gehen Sie ganz schnell 'raus, gehen Sie ganz schnell 'raus!" Ich ließ mich hinauswerfen. Ich ließ mich zwingen, N. zu verlassen. Ich ging davon wie ein geprügelter Hund. Ich wußte, daß es Unrecht war, und konnte gegen dieses Unrecht doch nicht aufbegehren.

Anonym

A1: Wie hat die Frau den Tod ihres Mannes empfunden?
A2: Was ist eurer Meinung nach für einen Sterbenden besonders wichtig? Vergleicht eure Aussagen mit denen des Studenten.

1.9.5 Die Hinterbliebenen

Trauer in Neuguinea

Ein junger Mann namens Ebna aus dem Stamm der Eipo im Bergland von West-Neuguinea starb auf eine für mich als naturwissenschaftlich ausgebildeten Arzt unerklärliche Weise, weil er keine erkennbaren, zum Tode führenden Krankheitssymptome hatte. Im folgenden ist die Reaktion seiner Angehörigen, Freunde und Dorfmitbewohner protokolliert:
Ebna, etwa 23 Jahre alt, Angehöriger des Utaluneik-Männerhauses, Sohn des Fobatingde und der Sibner, starb am 2. Juni 1975 gegen 15.00 Uhr. Bereits in der Nacht davor hatten sich viele Männer in der Familienhütte von Dengbang,

einem Freund des unverheirateten Ebna, eingefunden, wo der Kranke nahe der Feuerstelle in der üblichen Weise auf dem Rindenfußboden lag. Es waren mehrere der bekanntesten Heilkundigen des südlichen Eipomek-Tales anwesend, die sich nacheinander sehr intensiv um Ebna kümmerten und die verschiedenen Formen sakraler Krankenbehandlung vollzogen. Ebna selbst äußerte seine Überzeugung, daß er sterben müsse, weil er in der Hand eines Tiergeistes aus dem Regenwald sei. Unterhalb des rechten Rippenbogens hatte er heftige Schmerzen, die er selbst durch Auflegen eines stark erhitzten Steines bekämpft hatte, offenbar in einem selbstzerstörerischen Akt. Man konnte übrigens – ärztlicherseits – auch an dieser Stelle keinen krankhaften Befund erheben.

Nach Ebnas Tod begannen etliche Frauen, unter anderem seine Tante Lengnikner und die Frauen Kalikto und Temner, die Totenklage, die bereits vormittags eingesetzt hatte, zu verstärken. (...)

Aus der Klage Lengnikners um ihren verstorbenen Neffen sei hier folgender Ausschnitt zitiert:

„Mein bester Ebna, du Baum aus der flußabgelegenen Region, ach mein Herzensguter, mein Allerliebster, ach säßest du, ach schliefst du doch nur wieder mit deinen Initiationskameraden zusammen im Männerhaus! Nie wieder wirst du es tun! Von wo die Morgendämmerung kommt, dort hast du deinen Sitz genommen [nämlich auf der Spitze des Bestattungsbaumes], dort draußen außerhalb des Dorfes, du, der du so lange schlanke Beine hattest, ach mein Lieber. Ganz allein bist du gegangen, immer wirst du von nun an auf dem Bestattungsbaum sitzen, ach mein Bester. Wir haben doch so gut miteinander in einem Haus gelebt, haben uns nicht verächtlich die kalte Schulter gezeigt. Und doch sitzt du dort ganz allein, weh! Bist du zu den Brüdern deiner Mutter gegangen, um dort zu schlafen? Ach herrje! Deine Mutterbrüder werden nicht zu dir kommen, um deine Nase zu berühren. [Ebnas Verwandte der mütterlichen Seite können nicht an der Bestattung teilnehmen, da ihr Heimatort zu weit entfernt liegt.] Ach mein Herzensguter, verweilst du noch in der Ferne, um deiner Mutter-

Die Leiche Ebnas ist in seinem Familienhaus aufgebahrt. Lengnikner, Ebnas Tante, und Kalikto, eine Frau aus einem nahegelegenen Weiler, halten zärtlichen Körperkontakt zum Toten und beweinen ihn (aus: Eibl-Eibesfeldt/Schiefenhövel/Heeschen 1989, S. 198).

brüder Erde umzugraben? Weh! Erst kürzlich hattest du doch unser Haus gebaut, und dennoch bist du von uns gegangen." *Wulf Schiefenhövel*

A1: Sammelt Todesanzeigen und Nachrufe auf gerade verstorbene Menschen aus Zeitungen.
A2: Was erfahrt ihr aus diesen Texten über das Leben der Gestorbenen?
A3: Was erfahrt ihr über ihr Sterben?
A4: Wie drücken die Angehörigen ihre Trauer aus?
A5: Wie wird der Tod gedeutet?

2 GLÜCK

A: Welche „Wege zum Glück" werden durch die Bilder ausgedrückt? Ergänzt die Darstellung durch weitere Zeitschriftenillustrationen. Fertigt eine Collage an: Das ist für mich „Glück"!

2.1 Vorstellungen vom Glück

2.1.1 Das Ideal

Ja das möchste:

Eine Villa im Grünen mit großer Terrasse,
Vorn die Ostsee, hinten die Friedrichstraße;
Mit schöner Aussicht, ländlich-mondän,
Vom Badezimmer ist die Zugspitze zu sehn –
Aber abends zum Kino hast du's nicht weit,
Das Ganze schlicht, voller Bescheidenheit:

Neun Zimmer – nein, doch lieber zehn!
Ein Dachgarten, wo die Eichen drauf stehn,
Radio, Zentralheizung, Vakuum,
Eine Dienerschaft, gut gezogen und stumm,
Eine süße Frau voller Rasse und Verve –
(Und eine fürs Wochenende zur Reserve) –,
Eine Bibliothek und drumherum
Einsamkeit und Hummelgesumm.

Im Stall: Zwei Ponys, vier Vollbluthengste,
Acht Autos, Motorrad – alles lenkste
Natürlich selber – das wär' ja gelacht!
Und zwischendurch gehst du auf Hochwildjagd.

Ja und das hab' ich ganz vergessen:
Prima Küche – erstes Essen –
Alte Weine aus schönem Pokal –
Und egalweg bleibst du dünn wie ein Aal.
Und Geld. Und an Schmuck eine richtige Portion.
Und noch 'ne Million und noch 'ne Million.
Und Reisen. Und fröhliche Lebensbuntheit.
Und famose Kinder. Und ewige Gesundheit.

   Ja, das möchste!

Aber, wie das so ist hienieden:
Manchmal scheint's so, als sei es beschieden
Nur pöapö, das irdische Glück.
Immer fehlt dir irgendein Stück.
Hast du Geld, dann hast du nicht Käten:
Hast du die Frau, dann fehlen die Moneten –
Hast du die Geisha, dann stört dich der Fächer:
Bald fehlt uns der Wein, bald fehlt uns der Becher.
Etwas ist immer.

Tröste dich

Jedes Glück hat einen kleinen Stich.
Wir möchten soviel: Haben. Sein.
Und gelten.
Daß einer alles hat:

   das ist selten.

Kurt Tucholsky

A1: Beschreibt die Aussageabsicht des Gedichtes in eigenen Worten. Welche Folgerung ist daraus zu ziehen?

A2: Ermittelt anhand des Gedichtes Bereiche, die zum Glücklichsein gehören, z. B. Besitz, Genußfähigkeit, Erfolg, Gesundheit, Sicherheit ... Stimmt darüber ab, welcher dieser Aspekte euch am wichtigsten ist. Läßt sich eine „Prioritätenliste" erstellen?

2.1.2 Was im Fernsehen zum Glücklichsein gehört

20.15–22.10 RTL 2
Das Geheimnis
meiner Karriere
* *** (94/115 Min.)

21.15–22.45 S 3
Ein Stück vom Himmel
Liebesfilm (D '57)
mit Toni Sailer u. a.
*** (90 Min.)

23.38–1.25 ARD
Vorhof zum Paradies
Action-Film (USA 1978)
mit Sylvester Stallone
* *** (107 Min.)

17.05–19.10 Kabelkanal
Akkorde der Liebe ▯
Melodram (USA 1940)
mit Cary Grant, Irene
Dunne, Edgar Buchanan
* *** (115/125 Min.)

22.00–23.40 SAT.1
Projekt 9000 – Die coolste Schnauze von L. A.
Actionkomödie (USA '89)
mit Catherine Oxenberg
** *** (90/100 Min.)

9.25–10.50 RTL 2
Es gibt immer
ein Morgen ▯
Melodram (USA 1955)
mit Barbara Stanwyck,
Fred MacMurray
* *** (80/85 Min.)

0.55–2.55 ZDF
Die Stunde des Siegers
Sportlerfilm (GB 1980)
mit Ben Cross, Ian Charleson, Nigel Havers
*** *** (120 Min.)

12.40–14.30 PRO 7
Der Mann ohne Furcht
Western (USA 1955)
Glenn Ford, Rod Steiger
* *** (97/110 Min.)

20.00–21.25 ORB
Der weiße Traum ▯
Revuefilm (D 1943) mit
Olly Holzmann, Wolf Albach-Retty, Lotte Lang
* *** (85 Min.)

22.00 Mann-o-Mann
Wer ist der tollste Typ?
Spielshow mit Männern
aus Darmstadt
Moderation: Peer Augustinski

A: Die Titel dieser Fernsehfilme verdeutlichen, daß Glück und Lebenserfolg in den Medien auf bestimmte Bereiche festgelegt sind, z. B. Liebe, Macht, Stärke, Abenteuer, Erlebnis. Legt eine Tabelle an, und ordnet die Titel ein.
Welche anderen Bereiche kennt ihr, aus denen Menschen Glück schöpfen können?

Vorstellungen **51**

2.1.3 Wenn ich fünfzig Jahre alt bin ...

Die Vorstellungen vom Glück bleiben nicht immer die gleichen, sondern verändern sich je nach Lebensalter und Lebenssituation. Schüler verschiedener Altersgruppen wurden aufgefordert, den Satz zu ergänzen: „Wenn ich fünfzig Jahre alt bin ..."
Hier einige Antworten:

... stelle ich mir vor, daß ich am Swimmingpool hinter meinem eigenen Haus sitze. Ich habe soviel Geld verdient, daß ich nicht mehr zu arbeiten brauche. Meine Kinder sind erwachsen und selbständig. Ich habe einen eigenen Hubschrauber, mit dem ich schnell mal zu einem Treffen mit entfernten Freunden fliegen kann, und wenn ich Lust dazu habe, dann lade ich sie alle auf eine Kreuzfahrt auf meine eigene Yacht ein. Alle notwendigen Einkäufe erledige ich per Computer, und mein Haus wird von geschultem Personal in Ordnung gehalten.
Meine Frau ist immer guter Laune und hat auch in ihrem Alter noch eine gute Figur.

... ist doch schon alles vorbei. Was für ein entsetzlicher Gedanke! Das will ich mir gar nicht vorstellen.
Ich kann mir eher vorstellen, wie mein Leben aussieht, wenn ich 25 Jahre alt bin: Dann möchte ich eine international bekannte Rocksängerin sein und richtig gute Musik machen. Ich komme in der ganzen Welt herum und habe viele Fans. Aber darauf kommt es mir nicht in der Hauptsache an. Wie gesagt, ich möchte wirklich gute Musik machen, die bleibende Qualität hat. Ich möchte keiner von den Stars werden, die man heute hochjubelt und morgen vergißt.
Wenn ich das geschafft habe, kann ich mich vielleicht auch noch mit fünfzig über ein solches Lebenswerk freuen – aber konkret vorstellen kann ich mir das nicht.

... habe ich ein gemütliches Haus gemeinsam mit meiner besten Freundin. Das wichtigste an dem Haus sind aber die Koppeln und Ställe für die Pferde und das große Grundstück, das unseren Hunden, Katzen und Hühnern genügend Auslauf bietet.
Meine Freundin und ich sind beide Tierärztinnen; damit verdienen wir genug Geld, um für uns und unsere Tiere sorgen zu können. Für teure Kleidung oder Schmuck brauchen wir kein Geld auszugeben, denn den Tieren ist es gleichgültig, was wir anhaben. Urlaub brauchen wir auch nicht, denn wir können die Tiere ja doch nicht allein lassen und haben sowieso jeden Tag „Ferien auf dem Bauernhof".
Ach ja, und wenn die Urlaubszeit kommt, dann bieten wir unser Haus als Tierpension an. Dann können alle Leute, die wegfahren wollen, ihre Haustiere bei uns abgeben, damit die Tiere nicht etwa am Straßenrand ausgesetzt werden.

... möchte ich mir sagen können: „Du kannst mit dem zufrieden sein, was du aus deinem Leben gemacht hast." Ja, ich glaube, das ist das Wichtigste.
Schließlich kann ich nicht wissen, was mir in den nächsten 30 Jahren so alles beggenen wird: Schaffe ich das Abitur? Schließe ich mein Studium gut ab? Finde ich einen passenden Arbeitsplatz? Und dann sind da noch die ganz persönlichen Dinge: Ehe und Familie. Da kann es Trennung geben, Verlust, Schwierigkeiten mit den Kin-

dern, Krankheit. All das ist unkalkulierbar.
Deshalb meine ich, wird Zufriedenheit mit der Lebensbilanz für mich das Wichtigste sein. Wenn ich sehe, was das Schicksal für mich bereitgehalten hat und ruhigen Gewissens sagen kann, daß ich aus diesen Vorbedingungen das Bestmögliche gemacht habe.

A: Ordnet die Aussagen folgenden Personen zu, und begründet eure Entscheidung: Britta, 19 Jahre / Anna, 12 Jahre / Oliver, 11 Jahre / Maike, 15 Jahre. Womit hängen die unterschiedlichen Antworten zusammen?

P: Wenn ihr Lust auf ein etwas längeres Experiment habt, probiert einmal folgendes aus: Legt in der Klasse ein „Steckbriefbuch" an, in dem jeder die gleichen Fragen beantwortet, z. B. nach dem Lieblingsfach in der Schule, Lieblingsessen, Lieblingsschauspieler, bevorzugter Musik, welche Dinge man mag und welche man nicht mag. Lest euren Steckbrief am Ende des Schuljahres wieder durch. Was stellt ihr fest?

2.1.4 Das Glück

(...) Fünf Jahre ist es her, daß ich meine Reise durch Korsika machte. Diese wilde Insel ist uns unbekannter und ferner als Amerika (...) Stellen Sie sich eine Welt vor, die noch ganz chaotisch zerklüftet ist, ein wild aufgetürmtes Durcheinander von Gebirgen, die tief von engen Schluchten durchfurcht sind, durch die Sturzbäche donnern und brausen. (...) Kein Ackerbau, kein Handwerk, kein Gewerbe, nicht das mindeste Zeichen menschlicher Kunstbetätigung. (...) Einen Monat lang war ich kreuz und quer durch diese urwüchsige Insel gewandert und hatte dabei stets das Gefühl, im äußersten Winkel der Welt zu sein. Keine Spur von Herbergen oder Gasthäusern oder auch nur richtigen Straßen! Über Maultierpfade gelangt man zu diesen Bergnestern, die an den Felshängen kleben, hoch über gähnenden Abgründen, aus denen, wenn der Tag sinkt, immerfort das Gurgeln und Rauschen des Sturzbaches aus der Tiefe heraufbraust. Man pocht an die erstbeste Haustür, bittet um ein Unterkommen und um irgend etwas zu essen bis zum anderen Tag. Und man setzt sich mit an den niederen Tisch und streckt

Guy de Maupassant

sich dann zur Ruhe aus unter dem niederen Dache; (...)
Eines Abends gelangte ich nach zehnstündigem Fußmarsch zu einem kleinen, ganz einsamen Hause mitten in einem engen Tal, das sich noch etwa eine Meile weiter bis zum Meere hinunterzog. Die beiden jäh abfallenden, mit dem Gestrüpp der Macchia, Felstrümmern und hohen Bäumen gedeckten Berghänge schlossen wie zwei düstere Riesenmauern diese trostlose dunkle Schlucht ein.

Vorstellungen 53

Um die Hütte herum etliche Rebstöcke, ein kleiner Garten und mehrere große Kastanienbäume, kurz, ein kleines Anwesen, das zur Not seine Leute ernährte – in diesem armseligen Lande ein reicher Besitz! Die Frau, die mir auftat, sah alt, würdig, schlicht und ungewöhnlich sauber aus. Ihr Mann, der drinnen auf einem Strohstuhl saß, erhob sich bei meinem Eintritt zum Gruß und setzte sich dann wortlos wieder. Seine Lebensgefährtin erklärte mir: „Nehmen Sie's ihm nicht übel, er ist schon ganz und gar taub. Zweiundachtzig ist er nun geworden." Sie sprach unser heimisches Französisch. Überrascht fragte ich: „Sie sind nicht aus Korsika?"

Sie erwiderte: „Nein, wir sind von drüben. Aber nun sind's schon fünfzig Jahre, daß wir hier leben!"

Ein Gefühl der Beklemmung legte sich über mich, während ich mir diese fünfzig langen Jahre Dasein in diesem düsteren Talwinkel vorstellte, so weltentfernt vom Leben und Treiben der Menschen in unseren Städten.

Inzwischen war noch ein alter Hirt gekommen, und nun setzten wir uns zu viert an das einzige Gericht, das es gab: eine dicke Suppe, in der Kartoffeln, Speck und Kraut in eins gekocht waren. Als das kurze Mahl beendet war, trat ich hinaus und setzte mich vor die Tür. Und beim Anblick der melancholisch düsteren Landschaft überkam mich wieder dies Gefühl der Beklemmung, eine trübsinnige Stimmung, wie sie uns Weltenbummler manchmal an tristen Abenden in trostlos einsamen Gegenden befällt – als ob man am Ende aller Tage wäre, am Ende des eigenen Daseins, der ganzen Welt. (...)

Inzwischen hatte sich die alte Frau zu mir vor die Türe gesetzt; und sichtlich getrieben von jener menschlichen Neugier, die sich auch in denen zutiefst noch regt, die sich fern von der Welt mit allem abgefunden haben, fragte sie: „Da kommen Sie also aus unserem Frankreich?"

„Ja, ich bin auf meiner Reise gerade mal hier gelandet – nur so zum Vergnügen."

„Wohl gar aus Paris?"

„Nein, aus Nancy."

Da hatte ich den Eindruck, als überwältige sie eine ungewöhnliche innere Erregung. Wie ich ihr das ansah oder vielmehr deutlich spürte – ich weiß es nicht. Langsam nahm sie meine Worte auf: „Aus Nancy sind Sie."

Ihr Mann erschien in der Tür; unbeteiligt, mit der Miene des Tauben sah er drein.

Sie redete weiter: „Lassen Sie sich nicht stören im Erzählen. Er hört ja doch nichts."

Dann nach einigen Augenblicken: „Nun und – da haben Sie wohl viele Bekannte in Nancy?"

„Natürlich, ich kenne so ziemlich alle Welt da."

„Die Familie de Sainte-Allaize auch?"

„O ja, sehr gut sogar. Mein Vater war mit ihnen befreundet."

„Wie heißen Sie denn?"

Ich nannte meinen Namen. Sie sah mich eine Weile an, dann sagte sie gedämpft, mit einer Stimme, in der es wie Erinnern aufklang: „Jaja, ich entsinne mich. Und die Brisemares, was ist aus denen geworden?"

„Da ist keiner mehr am Leben."

„Und die Sirmonts? – Kennen Sie die auch noch?"

„Freilich. Der Letzte dieses Geschlechts ist General."

Da kam es aus ihr, und ihre Stimme zitterte dabei vor Erregung, wie aus einem übermächtigen, heiligernsten Gefühl heraus, einem dunklen Drang, alles zu sagen, offen zu sprechen von dem, was sie bislang im tiefsten Innern verschlossen hatte, von den Menschen, deren Namen in ihrer Seele umgingen und die Erinnerung aufrührten: „Ja – Henri de

Sirmont, ich weiß, ich weiß. Das ist – mein Bruder."
Ich blickte sie an, ganz verblüfft, so überrascht war ich. Und mit einemmal kam mir selber die Erinnerung an ihre ganze Geschichte.
Vor langen Jahren hatte es in der lothringischen Adelswelt einen großen Skandal gegeben. Ein schönes, reiches junges Mädchen, Suzanne de Sirmont, hatte sich von einem Unterwachtmeister des Husarenregiments, das ihr Vater befehligte, entführen lassen. Ein stattlicher Bursche, ein Bauernsohn, dem der blaue Husarendolman gut stand, war der Mann, der sich die Tochter seines Obersten erobert hatte. Beim Vorbeidefilieren der Schwadronen mußte die junge Dame ihn zu Gesicht bekommen haben, mußte er ihr aufgefallen sein – Liebe auf den ersten Blick, ganz zweifellos. Aber – wie hatten sich die beiden sprechen, wie sich unter vier Augen sehen und einig werden können? Wie hatte sie es zuwege gebracht, ihm zu zeigen, daß sie ihn liebte? Das erfuhr man nie. Nicht einmal die leiseste Ahnung hatte man. Als des jungen Mannes Dienstzeit zu Ende war, verschwand er aus der Garnison – mit der jungen Dame. Man stellte Nachforschungen an; die beiden blieben unauffindbar. Nie ließen sie etwas von sich hören, und so wurde die Verschollene schließlich für tot erklärt.
Und nun fand ich sie wieder – in dieser weltentlegenen, düsteren Tal-Einöde! Da war es an mir zu sagen: „Ah ja, wenn ich mich recht erinnere – Mademoiselle Suzanne!"
Sie nickte. Tränen perlten ihr aus den Augen. Mit einem raschen Blick deutete sie dann zu dem alten Manne hin, der reglos am Türrahmen seiner Behausung lehnte, und sagte: „Das ist er."
Da verstand ich, daß sie ihn noch immer liebte, ihn noch immer mit den bezauberten Augen der Liebe ansah.
Ich wagte die Frage: „Aber Sie sind doch wohl glücklich geworden?"
Und in einem Ton, der ihr aus dem Herzen drang, antwortete sie: „Ja, o ja; sehr glücklich. Er hat mich sehr glücklich gemacht. Es hat mich nie gereut ..." (...)

Guy de Maupassant

A: Maupassants Geschichte will zeigen, daß persönliches Glück auch im Ausbruch aus einem sicheren gesellschaftlichen Status bestehen kann. Haltet ihr diese Geschichte für wahr oder für eine Wunschvorstellung des Dichters? Diskutiert eure Standpunkte.

2.1.5 Glück = Glück?

Was jemand unter „Glück" versteht, hängt nicht nur vom Alter ab, sondern auch von seinen Gewohnheiten und Lebensumständen. Dies zeigt das folgende Erlebnis eines Mitteleuropäers auf der griechischen Insel Kreta.

Ich war in einem Bauernhause zu Gast. Eine Öl-Lampe, aus einer Sardinen-Büchse gefertigt, gab einen Lichtkreis. Auch die Kuh war im Zimmer. Auch die Kinder schliefen im Raum; sie wurden gerade zu Bett gebracht, doch war es nur eine Art großer Kiste. Ausgezogen wurden sie auch nicht. Stühle gab es nur wenige, aber das machte nichts; so standen eben die Frauen.
Es gab hellroten Wein, der bäuerlich ungeschönt war, aus dem Holzfaß, mit dem Duft der roten, rottmannischen Erde, nachschmeckend wie eine Tonscherbe, wenn man sie feuchtet. Aus hundert Weinen würde ich den herausschmecken.
Im Kamin ein paar glimmende Zweige,

drei rußige Tiegel. Als Schöpflöffel sah ich eine Konserven-Dose, deren Henkel-Stiel aus gewickeltem Draht war. Nirgendwo ersichtliche Vorräte. Aber, wer weiß, wie sie es machen, diese schwärzlichen Frauen im Kopftuch, deren Geduld unermeßlich ist; ein wenig Gebrutzel, und, über Stunden hin, ohne Eile, immerfort kleine Gerichte, so überzeugend, so unvermengt, so natürlich, so tauglich.

Unter meinem Stuhl lief ein Huhn durch. Wir kamen auf die kahlen Berge zu sprechen und daß die Ziegen die jungen Bäume abfressen. „Wenn ihr die nicht hättet", sagte ich, „so hättet ihr Wälder, so hättet ihr Holz, hättet reichere Quellen. Ihr könntet stauen wie es die Römer gemacht haben, ich sah es. Wald, Feuchte und Vorrat-Wasser im Sommer; die Winter-Regen würden nicht, wie es jetzt ist, euer Erdreich wegschwemmen."

„Sicher!" erwiderte mein Gastherr. „Die Ziegen knabbern alles was grün und was jung ist. Da kommt kein Baum auf. Da drüben am Hang könnten Ölbäume stehen, über den ganzen Berg hin. Wie viele."

Ich sah, seine Fantasie schlug Flammen. Ich sagte: „Die Ziegen haben euch arm gemacht und sie tun es immer noch weiter. Nicht die Türken. Die Ziegen. Aber das ist doch ganz einfach. Ihr müßt die Ziegen abschaffen. Auch die Ziegen vom Nachbarn. Im ganzen Lande die Ziegen. Sonst wird nichts."

Er sah mich nachdenklich an, eher unwirsch. Ich merkte, ich hatte ihm die Fantasien verdorben, denen ich nicht gönnte Fantasien zu sein und zu bleiben. Ich wollte die Fantasie in die Tat zerren. Sicherlich dachte er: „So sind Die."

„Den echome anangki", sagte er dann. Wir leiden nicht Not. Wir haben Öl, was wir brauchen. Wir haben Früchte und Wein, Mandeln, Gemüse, wir haben ein wenig Getreide. Nun möchten wir auch ein wenig Milch und Käse, dazu brauchen wir Ziegen. Was willst du. Es fehlt uns an nichts.

Erhart Kästner

Landschaft auf Kreta

A: Worin besteht die Uneinigkeit zwischen dem Ich-Erzähler und seinem Gastgeber? Deutet die unterschiedlichen Einstellungen auf dem Hintergrund des Satzes: „Ich wollte die Fantasie in die Tat zerren."

2.1.6 Das Märchen vom Glück

Siebzig war er gut und gern, der alte Mann, der mir in der verräucherten Kneipe gegenübersaß. Sein Schopf sah aus, als habe es darauf geschneit, und die Augen blitzten wie eine blankgefegte Eisbahn. „Oh, sind die Menschen dumm", sagte er und schüttelte den Kopf, daß ich dachte, gleich müßten Schneeflocken aus seinem Haar aufwirbeln. „Das Glück ist ja schließlich keine Dauerwurst, von der man sich täglich seine Scheibe herunterschneiden kann!" „Stimmt", meinte ich, „das Glück hat ganz und gar nichts Geräuchertes an sich. Obwohl …" „Obwohl?" „Obwohl gerade Sie aussehen, als hinge bei Ihnen zu Hause der Schinken des Glücks im Rauchfang." „Ich bin eine Ausnahme", sagte er und trank einen Schluck. „Ich bin die Ausnahme. Ich bin nämlich der Mann, der einen Wunsch frei hat."

Er blickte mir prüfend ins Gesicht, und dann erzählte er seine Geschichte. „Das ist lange her", begann er und stützte den Kopf in beide Hände, „sehr lange. Vierzig Jahre. Ich war noch jung und litt am Leben wie an einer geschwollenen Backe. Da setzte sich, als ich eines Mittags verbittert auf einer grünen Parkbank hockte, ein alter Mann neben mich und sagte beiläufig: ‚Also gut. Wir haben es uns überlegt. Du hast drei Wünsche frei.' Ich starrte in meine Zeitung und tat, als hätte ich nichts gehört. ‚Wünsch dir, was du willst', fuhr er fort, ‚die schönste Frau oder das meiste Geld oder den größten Schnurrbart – das ist deine Sache. Aber werde endlich glücklich! Deine Unzufriedenheit geht uns auf die Nerven.' Er sah aus wie der Weihnachtsmann in Zivil. Weißer Vollbart, rote Apfelbäckchen, Augenbrauen wie aus Christbaumwatte. Gar nichts Verrücktes. Vielleicht ein bißchen zu gutmütig. Nachdem ich ihn eingehend betrachtet hatte, starrte ich wieder in meine Zeitung. ‚Obwohl es uns nichts angeht, was du mit deinen drei Wünschen machst', sagte er, ‚wäre es natürlich kein Fehler, wenn du dir die Angelegenheit vorher genau überlegtest. Denn drei Wünsche sind nicht vier Wünsche oder fünf, sondern drei. Und wenn du hinterher noch immer neidisch und unglücklich wärst, könnten wir dir und uns nicht mehr helfen.' Ich weiß nicht, ob Sie sich in meine Lage versetzen können. Ich saß auf einer Bank und haderte mit Gott und der Welt. In der Ferne klingelten die Straßenbahnen. Die Wachtparade zog irgendwo mit Pauken und Trompeten zum Schloß. Und neben mir saß nun dieser alte Quatschkopf!"
„Sie wurden wütend?"
„Ich wurde wütend. Mir war zumute wie einem Kessel kurz vorm Zerplatzen. Und als er sein weißwattiertes Großvatermündchen von neuem aufmachen wollte, stieß ich zornzitternd hervor: ‚Damit Sie alter Esel mich nicht länger duzen, nehme ich mir die Freiheit, meinen ersten und innigsten Wunsch auszusprechen – scheren Sie sich zum Teufel!' Das war nicht fein und höflich, aber ich konnte einfach nicht anders. Es hätte mich sonst zerrissen."
„Und?"
„Was ‚Und'?"
„War er weg?"

Vorstellungen **57**

„Ach so! – Natürlich war er weg! Wie fortgeweht. In der gleichen Sekunde. In nichts aufgelöst. Ich guckte sogar unter die Bank. Aber dort war er auch nicht. Mir wurde ganz übel vor lauter Schreck. Die Sache mit den Wünschen schien zu stimmen! Und der erste Wunsch hatte sich bereits erfüllt! Du meine Güte! Und wenn er sich erfüllt hatte, dann war der gute, liebe, brave Großpapa, wer er nun auch sein mochte, nicht nur weg, nicht nur von meiner Bank verschwunden, nein, dann war er beim Teufel! Dann war er in der Hölle! ‚Sei nicht albern‘, sagte ich zu mir selber. ‚Die Hölle gibt es ja gar nicht und den Teufel auch nicht.‘ Aber die drei Wünsche, gab's denn die? Und trotzdem war der alte Mann, kaum hatte ich's gewünscht, verschwunden … Mir wurde heiß und kalt. Mir schlotterten die Knie. Was sollte ich machen? Der alte Mann mußte wieder her, ob's nun eine Hölle gab oder nicht. Das war ich ihm schuldig. Ich mußte meinen zweiten Wunsch dransetzen, den zweiten von dreien, o ich Ochse! Oder sollte ich ihn lassen, wo er war? Mit seinen hübschen, roten Apfelbäckchen? ‚Bratapfelbäckchen‘, dachte ich schaudernd. Mir blieb keine Wahl. Ich schloß die Augen und flüsterte ängstlich: ‚Ich wünsche mir, daß der alte Mann wieder neben mir sitzt!‘ Wissen Sie, ich habe mir jahrelang, bis in den Traum hinein, die bittersten Vorwürfe gemacht, daß ich den zweiten Wunsch auf diese Weise verschleudert habe, doch ich sah damals keinen Ausweg. Es gab ja auch keinen …"

„Und?"

„Was ‚Und'?"

„War er wieder da?"

„Ach so! – Natürlich war er wieder da! In der nämlichen Sekunde. Er saß wieder neben mir, als wäre er nie fortgewünscht gewesen. Das heißt, man sah's ihm schon an, daß er …, daß er irgendwo gewesen war, wo es verteufelt, ich meine, wo es sehr heiß sein mußte. O ja. Die buschigen weißen Augenbrauen waren ein bißchen verbrannt. Und der schöne Vollbart hatte auch etwas gelitten. Besonders an den Rändern. Außerdem roch's wie nach versengter Gans. Er blickte mich vorwurfsvoll an. Dann zog er ein Bartbürstchen aus der Brusttasche, putzte sich Bart und Brauen und sagte gekränkt: ‚Hören Sie, junger Mann – fein war das nicht von Ihnen!‘ Ich stotterte eine Entschuldigung. Wie leid es mir täte. Ich hätte doch nicht an die drei Wünsche geglaubt. Und außerdem hätte ich immerhin versucht, den Schaden wiedergutzumachen. ‚Das ist richtig‘, meinte er. ‚Es wurde aber auch die höchste Zeit.‘ Dann lächelte er. Er lächelte so freundlich, daß mir fast die Tränen kamen. ‚Nun haben Sie nur noch einen Wunsch frei‘, sagte er, ‚den dritten. Mit ihm gehen Sie hoffentlich ein bißchen vorsichtiger um. Versprechen Sie mir das?‘ Ich nickte und schluckte. ‚Ja‘, antwortete ich dann, ‚aber nur, wenn Sie mich wieder duzen.‘ Da mußte er lachen. ‚Gut, mein Junge‘, sagte er und gab mir die Hand. ‚Leb wohl. Sei nicht allzu unglücklich. Und gib auf deinen letzten Wunsch acht.‘ – ‚Ich verspreche es Ihnen‘, erwiderte ich feierlich. Doch er war schon weg. Wie fortgeblasen."

„Und?"

„Was ‚Und'?"

„Seitdem sind Sie glücklich?"

„Ach so. – Glücklich?"

Mein Nachbar stand auf, nahm Hut und Mantel vom Garderobehaken, sah mich mit seinen blitzblanken Augen an und sagte:

„Den letzten Wunsch hab' ich vierzig Jahre lang nicht angerührt. Manchmal war ich nahe dran. Aber nein. Wünsche sind nur gut, solange man sie noch vor sich hat. Leben Sie wohl."

Ich sah vom Fenster aus, wie er über die Straße ging. Die Schneeflocken umtanzten ihn. Und er hatte ganz vergessen, mir zu sagen, ob wenigstens er glücklich sei. Oder hatte er mir absichtlich nicht geantwortet? Das ist natürlich auch möglich.

Erich Kästner

A1: „Wünsche sind nur gut, solange man sie noch vor sich hat." Würdet ihr dieser Aussage zustimmen?
A2: In der Märchenliteratur gibt es Vorbilder zu Kästners Geschichte. Sucht sie aus Märchenbüchern heraus, und formuliert ihre „Moral". Schreibt selbst ähnliche Geschichten.
A3: Was würdet ihr selbst haben wollen, wenn ihr drei Wünsche frei hättet?

2.2 Sie versprechen Glück ...

2.2.1 Glückssymbole

Von einem Menschen, dem alles gelingt, sagt man, er ist ein „Sonntagskind". Die Zahl 13 kommt in manchen Hotels als Zimmernummer nicht vor, weil sie Unglück bringt. Und wenn der 13. eines Monats auf einen Freitag fällt, dann wird es ganz schlimm. Es genügt aber auch schon die Begegnung mit einer schwarzen Katze, um sich vor den Schicksalsschlägen dieses Tages zu fürchten. Der ebenfalls schwarze Schornsteinfeger gilt demgegenüber als Garant für das Gegenteil. Zum neuen Jahr verschickt man Karten mit seinem Abbild, oft noch dekoriert mit Glückskleeblättern, Glücksschweinchen und Fliegenpilzen. Um einen Blick in die Zukunft zu tun, wird in der Silvesternacht Blei gegossen.

Allen diesen Bräuchen ist eines gemeinsam: Mit ihrer Hilfe möchte man das Glück beschwören und das Unglück abwenden.

Warum sind es aber nun gerade ganz bestimmte Symbole, die für Glück oder Unglück stehen? Warum ist es Freitag, der 13. und nicht der 14.? Warum bringt die schwarze Katze Unglück und nicht der Hund?

Die meisten dieser Symbole werden mit magischen Vorstellungen in Zusammenhang gebracht; das heißt, man glaubt, ihnen wohne eine bestimmte Macht inne, die der Mensch nicht hat. Einige dieser Machtvorstellungen knüpfen an religiöse Glaubensinhalte an. So gilt der Freitag als Unglückstag, weil Jesus an diesem Wochentag gekreuzigt wurde; dies soll nach hebräischem Kalender am „13. Nisan" erfolgt sein. In ähnlicher Weise erklärt sich die Bezeichnung „Sonntagskind": Jemand, der am „Tag des Herrn" geboren war, mußte einfach Glück im Leben haben.

Andere Glücks- oder Unglückssymbole haben ihren Ursprung in der Beobachtung der Natur. So ist bereits aus der Antike überliefert, daß in der Nacht vor dem Untergang Pompejis die Katzen die Stadt verlassen und sich in Sicherheit gebracht haben. Bis heute ist ähnliches Verhalten von Katzen vor Erdbeben zu beobachten. Ihr Instinkt warnt sie offensichtlich vor Gefahren, die der Mensch nicht zu spüren vermag – und damit ist ihm die Macht der Katzen unheimlich. Die Farbe schwarz wird ohnehin mit Unheimlichem in Verbindung gesetzt, denn sie ist die Farbe der Dunkelheit und der Nacht, in der sich der Mensch unsicher fühlt. Daher hat diese Farbe aber auch eine besondere Faszination, was sie in der Bedeutung von anderen unterscheidet. Auf diese Weise kann sie sowohl Unglück als auch Glück signalisieren.

Auch andere Symbole verdanken ihre Bedeutung dem Umstand, daß sie eben etwas Besonderes sind, etwas Seltenes. Käme ein vierblättriges Kleeblatt in der Natur ebenso häufig vor wie ein dreiblättriges, würde es sich kaum auf Neujahrskarten finden.

Eine weitere Gruppe von Symbolen ist dadurch gekennzeichnet, daß sie dem Menschen gefährlich werden können – so wie der giftige Fliegenpilz – aber dadurch, daß der Mensch die Gefahr kennt und sie im Symbol sogar verniedlicht, scheint sie gebannt.

P: Sammelt Glückwunschkarten, und ordnet sie nach Motiven.
Vielleicht haben einige von euch Brieffreunde im Ausland. Laßt euch von ihnen Glückwunschkarten schicken, und vergleicht die Motive. Fragt eure Eltern und Großeltern, ob sie Karten von früher aufgehoben haben. Stellt eure Kartensammlung in einer Ausstellung vor.

2.2.2 Moderne religiöse Glücksverheißungen

Jugendreligionen

„Ich hatte große Probleme mit meinen Eltern, bekam mein dreißigstes Bewerbungsschreiben zurückgeschickt, und mein Freundeskreis wurde mir auch immer langweiliger, bis ich dann in der Fußgängerzone von einem unheimlich netten Mädchen angesprochen wurde. Sie meinte, ich sollte doch mal am nächsten Tag mit zu ihren Freunden kommen, die hätten auch solche Probleme gehabt und könnten mir sicherlich helfen ..." So oder ähnlich äußern sich viele Jugendliche, die darüber berichten, wie sie Mitglied in einer Jugendreligion wurden. Solche religiöse Organisationen sind nach 1950 entstanden, traten ab 1970 in Europa auf und richten sich vor allem an Jugendliche und junge Erwachsene mit dem Anspruch, im Gegensatz zu den traditionellen Kirchen neue Wege zu kennen, auf denen man zu Sinnerfüllung, Gottesnähe und intensiver Gemeinschaft mit Gleichaltrigen gelangen kann.
Einzelne Jugendreligionen neigen allerdings zu Entmündigung, Intoleranz und Beeinflussung: ein generelles Urteil kann nicht gefällt werden. Beratung bieten das Bundesministerium für Jugend, Frauen, Familie und Gesundheit sowie Elternvereinigungen und Beratungsstellen der Kirchen an.

Georg Bubolz

A1: Warum wirken die „Jugendreligionen" auf viele junge Menschen offensichtlich anziehender als die traditionellen Kirchen? Wodurch werden sie so gefährlich?
A2: Regt eine gemeinsame Stunde mit den Mitschülern eurer Klasse an, die den Religionsunterricht besuchen. Thema: Was vermissen junge Menschen in den großen christlichen Kirchen? Was bieten die Jugendsekten?
A3: Vielleicht können Teilnehmer des Religionsunterrichts über ihre Mitarbeit in einer Kerngruppe ihrer Kirchengemeinde berichten. Welche Bedürfnisse der jungen Menschen werden hier berücksichtigt, welche Gefahren von seiten der Jugendsekten werden vermieden?

Religiöse Kulte und Praktiken bei Jugendlichen

In den siebziger Jahren kamen religiöse Bewegungen nach Europa, die ihre Wurzeln nicht im traditionellen abendländischen Christentum hatten, sondern größtenteils auf hinduistische und buddhistische Denk- und Lebensweisen zurückgingen. Erfahrungsmöglichkeiten des eigenen Körpers, psychotherapeutische Methoden zur Selbstfindung und die Vermittlung von intensiven Gemeinschaftserlebnissen waren die Hauptreize, die diese Gruppen den anonymen Großkirchen entgegenzusetzen hatten. Bekannt wurden in diesem Zusammenhang z. B. die Internationale Gesellschaft für Krishna-Bewußtsein und die Bhagwan-Sekte.

2.3 Glück? – Die Antwort der Religionen

2.3.1 Altes Testament

Im Christentum war das Thema „Glück" häufig von untergeordneter Bedeutung, denn das irdische Leben diente nicht dem Wohlergehen, sondern dem Streben nach dem ewigen Leben. Dennoch haben sich die Menschen der Bibel Gedanken darüber gemacht, was ein glückliches Leben ausmacht.
Die folgenden Textauszüge stammen aus dem „Prediger Salomo", einem Buch des Alten Testaments mit besonders skeptischer Welt- und Lebensbetrachtung.

Menschliches Glück durch Weltgestaltung

(...) ³ Ich trieb meine Forschung an mir selbst, indem ich meinen Leib mit Wein lockte, während mein Verstand das Wissen auf die Weide führte, und indem ich das Unwissen gefangennahm. Ich wollte dabei beobachten, wo es vielleicht für die einzelnen Menschen möglich ist, sich unter dem Himmel Glück zu verschaffen während der wenigen Tage ihres Lebens. ⁴Ich vollbrachte meine großen Taten:
Ich baute mir Häuser, / ich pflanzte Weinberge.
⁵ Ich legte mir Gärten und Parks an, / darin pflanzte ich alle Arten von Bäumen.
⁶ Ich legte Wasserbecken an, / um aus ihnen den sprossenden Baumbestand zu bewässern.
⁷ Ich kaufte Sklaven und Sklavinnen, / obwohl ich schon hausgeborene Sklaven besaß.
Auch Vieh besaß ich in großer Zahl, Rinder, Schafe, Ziegen, / mehr als alle meine Vorgänger in Jerusalem.
⁸ Ich hortete auch Silber und Gold / und, als meinen persönlichen Schatz, Könige und ihre Provinzen.
Ich besorgte mir Sänger und Sängerinnen / und die Lust jedes Menschen: einen großen Harem.
⁹ Ich war schon groß gewesen, doch ich gewann noch mehr hinzu, so daß ich alle meine Vorgänger in Jerusalem übertraf. Und noch mehr: Mein Wissen stand mir zur Verfügung, ¹⁰ und was immer meine Augen sich wünschten, verwehrte ich ihnen nicht. Ich mußte meinem Herzen keine einzige Freude versagen. Denn mein Herz konnte immer durch meinen ganzen Besitz Freude gewinnen. Und das war mein Anteil, den ich durch meinen ganzen Besitz gewinnen konnte. ¹¹ Doch dann dachte ich nach über alle meine Taten, die, die meine Hände vollbracht hatten, und über den Besitz, für den ich mich bei diesem Tun angestrengt hatte. Das Ergebnis: Das ist alles Windhauch und Luftgespinst. Es gibt keinen Vorteil unter der Sonne.

Prediger Salomo 2, 3–11

A1: Welche Möglichkeiten der Glückserfahrung nennt der Schreiber? Was läßt ihn unbefriedigt? Findet er einen Kompromiß?
A2: Was könnte mit der Überschrift des Bibeltextes gemeint sein „Glück durch Weltgestaltung"? Sammelt Bilder aus Zeitungen und Zeitschriften, die deutlich machen, wie Menschen „die Welt gestalten". Ordnet sie in einer Wandzeitung an, die aufzeigt, was euch wichtig und was euch weniger wichtig ist.

2.3.2 Christentum

Das Glück Jesu

Ich halte Jesus von Nazareth für den glücklichsten Menschen, der je gelebt hat. Ich denke, daß die Kraft seiner Phantasie aus dem Glück heraus verstanden werden muß. Alle Phantasie ist ins Gelingen verliebt, sie läßt sich etwas einfallen und sprengt immer wieder die Grenzen und befreit die Menschen, die sich unter diesen Grenzen in Opfer und Entsagung, in Repression und Rache ducken und sie so ewig verlängern. Jesus erscheint in der Schilderung der Evangelien als ein Mensch, der seine Umgebung mit Glück ansteckte, der seine Kraft weitergab, der verschenkte, was er hatte. Das konventionelle Bild von Jesus hat immer seinen Gehorsam und seinen Opfersinn in den Vordergrund gestellt. Aber Phantasie, die aus Glück geboren wird, scheint mir eine genauere Beschreibung seines Lebens. Sogar sein Tod wäre mißdeutet als das tragische Scheitern eines Glücklosen, er wäre zu kurz verstanden, wenn nicht die Möglichkeit der Auferstehung in Jesus selber festgehalten würde! Auferstehung als die weitergehende Wahrheit der Sache Jesu ist aber im Tode dieses Menschen gegenwärtig; er hat den Satz „Ich bin das Leben" auch im Sterben nicht zurückgenommen ...

Auch für Jesus und gegen alle heteronome Begründung seines Entwurfs gilt: Je mehr Glück, um so mehr Fähigkeit zu wirklicher Preisgabe. Von Christus ist zu lernen: Je glücklicher einer ist, um so leichter kann er loslassen. Seine Hände krampfen sich nicht um das ihm zugefallene Stück Leben. Da er die ganze Seligkeit sein nennt, ist er nicht aufs Festhalten erpicht. Seine Hände können sich öffnen.

Dorothee Sölle

A: Informiert euch anhand der Evangelien über die Taten Jesu. Würdet ihr ihn – wie die Autorin – als glücklichen Menschen sehen? Diskutiert mögliche Positionen.
P: Sammelt aus Kunstbüchern Darstellungen von Jesus und kopiert sie. Überlegt, welche Eigenschaft Jesu die Künstler jeweils in den Vordergrund stellen wollten. Ordnet die Bilder thematisch zu einer Ausstellung an.

2.3.3 Islam

Ähnlich wie im Christentum ist es auch im Islam schwierig, eine allgemeingültige Aussage zum Thema „Glück" zu machen. Denn auch hier wird mehr Wert auf einen Lebenswandel gelegt, der den Menschen zu Gott führen soll, indem er bestimmte Pflichten erfüllt und nach dem Willen Gottes lebt. Das „Glück" wird ihm erst im Paradies zuteil.
Das Streben nach irdischem Glück wird in vielen Geschichten der islamischen Kultur daher eher mit einem „Augenzwinkern" kommentiert.

Wie im Paradies

Eine arme Frau, die in einem Vorort von Ak-Schehir eine elende Hütte bewohnte, kam eines Tages zu Nasreddin und erbat sich seinen Rat.
„Mein Mann, meine fünf Kinder und ich", jammerte sie, „sind in unserem einzigen Raum schrecklich schlecht dran. Was könnten wir nur tun, um unsere Lage zu verbessern?" Der Hodscha dachte einen Augenblick nach, dann rief er:
„Trage deine Hühner ins Zimmer!"
Die Frau blickte ihn erstaunt an: „Ich will es tun, Meister Hodscha."
Am nächsten Tag: „Jetzt ist es noch viel schlimmer."
„Nimm deine Hasen herein!"
„Es wird immer ärger."
„Hole den Hund zu dir!"
„Es ist fürchterlich."
„Dann zögere nicht länger und nimm auch noch den Ziegenbock dazu!"
„Hodscha, bei uns geht es wie in der Hölle zu."
Wiederum überlegte Nasreddin, dann erklärte er:
„Trage die Hühner wieder hinaus!"
„Nun ist es etwas besser, Herr."
„Nimm die Hasen fort!"
„Wir haben es bequemer."
„Lasse den Hund wieder draußen schlafen!"
„Es wird immer leichter."
„Schaffe dir den Ziegenbock vom Hals!"
„Hodscha, jetzt ist es bei uns wie im Paradies!"

Einer im Volksmund überlieferten Geschichte über den „türkischen Eulenspiegel" Mullah Nasreddin nacherzählt

A1: Welche „Glücksdefinition" gibt die Geschichte?
A2: Falls ihr muslimische Mitschüler und Mitschülerinnen habt, befragt sie nach ihren Vorstellungen vom Glück. Unterscheiden sich ihre Aussagen von euren?

2.4 Eine Antwort der Philosophie

In der Philosophie befaßte man sich seit der Antike mit dem Glücksbegriff, wobei man ebensowenig zu einer einheitlichen Definition kam wie heute (Sokrates: Glück ist Ausübung von Tugend; Epikur: Glück ist Lustgewinn).
Der folgende Text eines zeitgenössischen Beobachters erklärt den Unterschied zwischen bloßer Zufriedenheit und Glück.

Was zum Glücklichsein gehört

Faßt man die vielfältigen Gedanken und Überlegungen zum Glück zusammen, so kommt man zu folgendem Schluß: Sind die körperlichen Grundbedürfnisse befriedigt, dann mag sich ein Gefühl von Sattheit oder Zufriedenheit einstellen. Zum Glück bzw. Glücklichsein jedoch gehört noch mehr, und zwar seelische Gesundheit, persönliche Identität und ein Gefühl von Autonomie, soziales Engagement, eigene und fremde Anerkennung, Bescheidung und Aktivität.

Was ist damit im einzelnen gemeint?

1. *Gesund sein,* das heißt arbeitsfähig, liebesfähig und genußfähig sein, also vor allem Fühlen-Können. Erst das sinnliche und seelisch-geistige Vermögen, das Glück auch wahrnehmen zu können, wenn es da ist, schafft die Voraussetzungen zum Glücklichsein.

2. Die persönliche *Identität,* was soviel bedeutet wie „Werde, der du bist", sprich: Lerne deine Bedürfnisse kennen, und du weißt, was dir fehlt. Ja, mehr noch, wer sich selbst gefunden hat, der kennt seinen Platz auf dieser Welt und hat damit den Sinn seiner Existenz gefunden.

3. Das Gefühl von *Autonomie:* Erst wenn jemand freiwillig das tun kann, was er tun will, macht es ihn froh. Das Gefühl von Stärke und Autonomie vertreibt die Angst, die mit dem Glück unvereinbar wäre.

4. *Soziales Engagement,* das Tun für andere: Nicht im Nehmen, erst im Geben fühlt man sich frei, souverän und auf eine Art reich, die glücklich macht. Ein ähnlich beglückendes Gefühl haben wir dann, wenn wir ein schönes Erlebnis einem anderen Menschen vermitteln können, die Freude mit ihm teilen können.

5. *Die Anerkennung:* Für den Begründer der Individualpsychologie, Alfred Adler, war das Streben nach Anerkennung die Haupttriebfeder des Menschen. Es bedeutet, sich selbst mit seinen Stärken und Schwächen anzunehmen, andere anzuerkennen und von anderen anerkannt zu werden. Hiermit ist auch das Glücksgefühl gemeint, das meist als Lust erlebt wird, wenn einem eine extreme Leistung gelingt, wenn es einem „glückt".

6. *Die Bescheidung:* Die Emanzipation von Besitz, vom Haben, wie Fromm sagt, also die Unabhängigkeit vom Besitzen-Müssen macht frei für das Glück.

Denn jeder Besitz verpflichtet und ist mit der Angst um seinen Verlust verbunden. Wenn auch materieller Wohlstand bestimmte Formen des Glücklichseins erst ermöglicht, kaufen läßt sich das Glück nicht. Von Kierkegaard stammt die Vorstellung, daß die Tür zum Glück nach außen aufgehe. Sie läßt sich also nicht mit Gewalt aufstoßen, im Gegenteil: Um sie öffnen zu können, muß man sogar einen Schritt zurücktreten.

7. *Die Aktivität:* Der 75jährige Goethe beklagte sich bei Eckermann, wie arm sein langes Leben an Glück und Behagen gewesen sei: „Mein eigentliches Glück war mein poetisches Sinnen und Schaffen."

Philosophie **65**

Ein chinesisches Sprichwort meint im gleichen Sinne:
„Willst du einen Tag lang glücklich sein, so betrinke dich. Willst du ein Jahr lang glücklich sein, so heirate, willst du ein Leben lang glücklich sein, so schaffe dir einen Garten."
Die Anerkennung, das Feedback bzw. Lob von anderen stärkt das Selbstwertgefühl, damit die Ich-Stärke und das Gefühl gesicherter Identität. Es stärkt den Mut für neue Aktivität und das Gefühl, innerlich reich genug zu sein, um geben zu können. Basis dieses Kreislaufs bleibt das Aktiv-Sein, die Lust am Tun, aus der sich Spannung, Abenteuer und das souveräne Gefühl von Angstfreiheit, die Voraussetzung von Glück, ergeben können. Damit ein Glücksgefühl aufkommt, braucht es nur noch den gewissen Kitzel, der ein Siegesgefühl vermittelt oder deutlich macht, daß es sich hier um einen Höhepunkt handelt, der nicht lange anhält.

Stephan Lermer

A: Findet für jede der sieben Stufen konkrete Beispiele. Anhaltspunkte dazu findet ihr in eurer Familie, eurem Freundes- und Bekanntenkreis, bei Menschen aus eurer Schule und eurem Wohnort.
Schreibt die sieben Stichworte auf Plakate, und ordnet die Aussagen eurer Interviewpartner auf den passenden Plakaten an.

2.5 Menschen finden ihr Glück auf verschiedenen Wegen

Ob man sein Leben in den Dienst einer Religion stellt, sich eine Philosophie zu eigen macht oder andere Lebensschwerpunkte setzt, irgendwann wird man sich fragen, ob das eigene Leben gelungen oder „geglückt" ist.
Manchmal können Beispiele anderer Menschen helfen, zu erkennen, in welche Richtung man den eigenen Weg lenken möchte.
Die folgenden drei Kurzbiographien sind als solche Beispiele gedacht.

2.5.1 Clara Wieck: Ein Leben für die Liebe

Clara Wieck war schon als kleines Mädchen eine begabte Pianistin. Ihr Vater, der dieses Talent früh erkannt hatte, förderte seine Tochter nach Kräften und begleitete sie auf ihren zahlreichen Konzertreisen. Für seinen aufopferungsvollen Einsatz erwartete er von seiner Tochter aber bedingungslose Fügung.
„Ich habe dir und deiner Ausbildung fast zehn Jahre meines Lebens gewidmet", schrieb er ihr ins Tagebuch, „bedenke, welche Verpflichtung du hast."
Er konnte es jedoch nicht verhindern, daß Clara sich verliebte und zu dieser Liebe stand, auch wenn sie ihr Leben gänzlich verändern sollte.
Im Jahre 1830 – Clara war gerade elf Jahre alt – begegnete sie in ihrem Vaterhaus dem achtzehnjährigen Jurastudenten Robert Schumann, der sich jedoch mehr für die Musik interessierte als für die Rechtswissenschaft. Schließlich gab er sein Studium gänzlich auf, um zu komponieren; und sein Erfolg gab ihm bald die Gewißheit, den richtigen Entschluß gefaßt zu haben.
Clara sah ihn selten, da ihre häufigen Konzertreisen sie bis ins Ausland führ-

Clara und Robert Schumann

Robert und Clara Schumanns Kinder

ten, doch 1835 schließlich bekannten sich beide zu ihrer Liebe füreinander. Friedrich Wieck, der andere Zukunftspläne für seine Tochter hatte, trennte die beiden und untersagte Treffen und Briefwechsel. Fünf Jahre währte der Kampf, bis Clara sich schließlich 1840 – sie wurde in diesem Jahr 21 – im Bösen von ihrem Vater trennte und die Erlaubnis zur Heirat mit Robert Schumann durch ein Gericht erzwang. In erniedrigenden Kämpfen mit ihrem Vater wurde es ihr sogar verwehrt, persönlichen Besitz und Kleidung mitzunehmen. Trotzdem schrieb sie an ihrem Hochzeitstag in ihr Tagebuch:

„Jetzt geht ein neues Leben an, ein schönes Leben in dem, den man über alles und sich selbst liebt."

13 Jahre lang braucht ihr Vater, um seine Enttäuschung zu verwinden und wieder mit seiner Tochter in Kontakt zu treten. Während dieser Zeit brachte Clara acht Kinder zur Welt, setzte ihre Konzertreisen fort und unterstützte ihren Mann, auch als er als Dirigent scheiterte.

Robert Schumann war schon als junger Mann hin und wieder von depressiven Stimmungen heimgesucht worden, die im Jahre 1854 verstärkt wieder auftraten und sich zu psychischer Krankheit steigerten. Er war aber noch in der Lage, seinen Zustand zu erkennen, setzte sich selbst für seine Unterbringung in einer Nervenklinik ein, unternahm aber dann einen Selbstmordversuch.

Nach seiner Rettung verbrachte er die letzten zwei Jahre seines Lebens in einer Nervenheilanstalt. Seiner Frau wurde es untersagt, ihn dort zu besuchen. Clara war verzweifelt über diese Entscheidung und mußte in dieser Zeit ihr letztes Kind allein zur Welt bringen. Als man ihr endlich erlaubte, Robert zu sehen, war seine Krankheit schon so weit fortgeschritten, daß er sie nicht mehr erkannte. Clara schrieb in ihr Tagebuch:

„Gott gebe mir die Kraft zu leben ohne ihn."

Nach seinem Tod waren ihr seine Kompositionen seine wichtigste Hinterlassenschaft. Sie überlebte ihren Mann um vierzig Jahre und gab bis ins hohe Alter Konzerte, die seine Werke würdigten und unvergeßlich machten.

Nach Isolde Heyne

2.5.2 Mutter Teresa: Religiöser Glaube führt zum Handeln

In der jugoslawischen Stadt Skopje wurde im Jahre 1910 das Mädchen Agnes Gonxa Bejaxhiu geboren – später einmal unter dem Namen „Mutter Teresa" weltbekannt.

Schon als Zwölfjährige war sie sicher, daß sie Nonne werden wollte, und genauso sicher wußte sie, daß Indien ihr Arbeitsfeld werden sollte.

So trat sie mit 18 Jahren zunächst in das irische Loreto-Kloster Rathdarnham ein, da die Schwestern dieses Ordens nach Indien geschickt wurden.

Ab 1929 war sie selbst in Indien und wurde der St. Mary High School in Kalkutta als Lehrerin für Geographie zugeteilt. Bis 1948 unterrichtete sie dort die Töchter der britischen und indischen Oberschicht. Die Schule lag inmitten eines heruntergekommenen Industrie- und Slumgebietes, an dem die junge Nonne nicht unbeteiligt vorbeigehen konnte.

So entschloß sie sich, ihre Energie und Tatkraft den Armen zu widmen, verließ ihr sicheres Kloster, um zunächst in den Slums zu leben und zu arbeiten und wenig später ihren eigenen Orden zu gründen. Als Tracht wählte sie bewußt einen weißen Sari mit blauer Borte – das war die Kleidung der niedrigsten Kaste im Sozialgefüge Indiens.

1948 wurde sie indische Staatsbürgerin, eröffnete die erste Schule in den Slums, ließ sich in Krankenpflege ausbilden und erwarb schließlich ein Haus, aus dem sie das „Mutterhaus der Missionarinnen der Nächstenliebe" machte.

Schon bald sammelten sich Mädchen und Frauen um sie, die ihrem Orden beitreten wollten. Von den üblichen Klosterregeln Armut, Gehorsam und Ehelosigkeit war ihr die Armut die wichtigste. So konnten sich die jungen Schwestern in einer Probezeit von fünf Jahren und neun Monaten reiflich überlegen, ob sie dieses harte Leben auf Dauer führen wollten.

Mutter Teresas Werk der Nächstenliebe wurde in Indien nicht unkritisch aufgenommen. Man sah darin einen Versuch, die hinduistische Gesellschaft heimlich mit christlichem Gedankengut zu unterwandern; Demonstrationen und Morddrohungen waren die Folge. Es gelang Mutter Teresa, ihre Kritiker zu überzeugen, daß sie zwar christlich handeln, aber niemanden zum Christentum bekehren wollte.

1963 erfolgte die Erweiterung des Ordens auf eine männliche Gemeinschaft, die „Missionsbrüder der Nächstenliebe"; und schließlich breitete sich der Orden mit zahlreichen Niederlassungen in der ganzen Welt aus. 1980 gab es 156 Ordenshäuser, in denen 1700 Schwestern lebten und arbeiteten.

Als Mutter Teresa 1979 den Friedensnobelpreis entgegennahm, antwortete sie in ihrer Ansprache unter anderem darauf, warum sie sich damit begnüge, einzelnen Armen zu helfen, anstatt dazu beizutragen, die für die Armut verantwortlichen Gesellschaftsstrukturen zu verändern; warum sie „Fische" und nicht „Angelruten" verteile. Ihre Antwort hieß: „Die meisten meiner Schützlinge sind so schwach, daß sie nicht einmal eine Angelrute halten könnten."

Nach Friedrich Heer

2.5.3 Mahatma Gandhi: Einstehen für die Gerechtigkeit

Mit dem Namen von Mahatma Gandhi verbindet sich unauflöslich der Gedanke des gewaltlosen Widerstandes – ein Prinzip, dem Gandhi während seines lebenslangen Kampfes um Gerechtigkeit und Ausgleich bedingungslos treu blieb. Als Mitglied einer Kaufmannskaste wurde er 1869 in der damals noch britischen Kolonie Indien geboren. Mit 19 Jahren nahm er in London das Studium der Rechtswissenschaft auf und arbeitete danach zwei Jahre lang als Rechtsanwalt in Bombay.

Mit dem Jahr 1893 begann er in Südafrika seinen Kampf um die menschliche und bürgerliche Gleichstellung der

Verschiedene Wege

indischen Einwanderer, die dort unter größtenteils unwürdigen Bedingungen zu leben und zu arbeiten hatten. Seine Bemühungen dauerten zwanzig Jahre, hatten aber letztlich Erfolg, da sich die Regierung Südafrikas der Gleichberechtigungsforderung stellte.

Als Gandhi im Jahr 1914 nach Indien zurückkehrte, galt er als überzeugender politischer Organisator und wurde in seinem Heimatland bald zur führenden Kraft im Kampf gegen den britischen Kolonialismus. Im Ersten Weltkrieg hatte sich Indien bereit erklärt, seinem Mutterland England durch eigene Truppen zur Seite zu stehen und dafür die Zusicherung erhalten, nach dem Krieg in die Unabhängigkeit entlassen zu werden.

Großbritannien allerdings hielt dieses Versprechen nicht ein; in Indien machte sich Enttäuschung breit und das Gefühl, ungerecht behandelt worden zu sein.

Gandhi erkannte, daß der Kampf des indischen Volkes um seine Unabhängigkeit nur dann erfolgreich sein konnte, wenn das Volk in sich geeint war – eine Forderung, die in der durch strenge Kastengesetze getrennten Bevölkerung kaum erfüllbar erschien. Dennoch gelang es ihm, weite Teile der Bevölkerung von seiner Methode zu überzeugen, der Methode des gewaltlosen Widerstandes. Sie bestand darin, die Zahlung von Steuern zu verweigern, Protestmärsche durchzuführen und durch Fastenaktionen auf das eigene Anliegen aufmerksam zu machen.

Nachdem Indien im Zweiten Weltkrieg die britische Streitmacht noch einmal unterstützt hatte, wurde das Versprechen der Unabhängigkeit endlich eingelöst.

Doch nun stand Gandhi vor einer neuen Aufgabe im eigenen Land: der größte Teil der indischen Bevölkerung gehörte – wie Gandhi selbst – dem Hinduismus an, ein geringerer Teil dem Islam. Beide Gruppen mißtrauten einander und brachten religiöse Fanatiker hervor.

Gandhi war überzeugter Hindu, versuchte jedoch im Interesse der Gesamtbevölkerung sowohl auf eine Lockerung des Kastenwesens als auch auf eine Einheit zwischen Muslimen und Hindus hinzuarbeiten. Seine besondere Aufmerksamkeit galt der niedrigsten und ärmsten Bevölkerungsschicht: den Kastenlosen oder Unberührbaren.

Doch es gab zahlreiche Kritiker, die an den alten Traditionen festhalten wollten und Gandhi durch Morddrohungen und Bombenattentate von seinem Vorhaben abzubringen versuchten. So geschah es, daß er während eines öffentlichen Gottesdienstes im Jahre 1948 von einem fanatischen jungen Hindu erschossen wurde.

Nach Otto Wolff

A1: Formuliert anhand der biographischen Skizze ein mögliches Lebensmotto für die dargestellten Personen (ein bekanntes Sprichwort, eine Gedichtzeile, eine Lebensweisheit …).

A2: Sucht euch eine Person aus der Geschichte, aus dem öffentlichen Leben oder aus eurem persönlichen Bekanntenkreis, die für euch selbst eine solche Vorbildfunktion haben könnte.
Stellt die ausgewählten Persönlichkeiten in der Klasse vor.

3 SINN

A1: Kommentiert die beiden Karikaturen. Haltet ihr die Aussagen für zutreffend?
A2: Nehmt Stellung zu Hägars Aussage. Was war in eurem Leben bisher „verwickelt", aber gut? Berichtet euch gegenseitig davon.
A3: Zeichnet euer eigenes Leben als Reise vom „Start" zum „Ziel".

3.1 Die Frage nach dem Sinn des Lebens

3.1.1 Was ist der Sinn? – Schüler antworten auf eine wichtige Frage

Meiner Meinung nach kann man den Sinn des Lebens nicht verallgemeinert benennen. Jeder setzt sich sein eigenes Ziel, das er zu erreichen versucht. Für einige Leute ist das Ziel der materielle Reichtum, für andere die Freude am Leben durch Freunde oder Familie.
Für wieder andere ist das Ziel der Weg: Erfahrungen sammeln, erforschen, manchmal auch irren. Für sie ist es das Wichtigste, immer weiterzugehen und neue Türen zu öffnen; nicht stehenbleiben, nicht auf der Stelle treten.

Nele, 16 Jahre

Das Leben als einen Sinn zu begreifen steht wohl außerhalb jeder Erkenntnis eines Menschen. Der Weg zu dieser Erkenntnis wird hoffentlich nie zu Ende gegangen.

Christian, 18 Jahre

Das Leben kann man als eine Abenteuerreise bezeichnen, die sehr unterschiedlich verläuft. Fast alle Menschen versuchen, das Beste daraus zu machen, wobei das Ziel, das jeder verfolgt, nicht vorgegeben ist.
Wozu lebt man? Um die Welt zu entdecken, zu verbessern, um sich selbst kennenzulernen, um die eigenen Zielsetzungen herauszufinden und zu erreichen, oder um sich selbst in den Dienst anderer zu stellen und auf eigene Ansprüche zu verzichten. Diese Frage muß jeder eigenständig beantworten, denn wer nicht weiß, was er will, kann – zumindest in meinen Augen – nicht richtig glücklich werden. Denn glücklich im Leben sein bedeutet: Zufriedenheit mit sich und der Umwelt, Träume relativieren können und Glück, das einem widerfährt, auch als solches erkennen.

Alex, weibl., 17 Jahre

A: Wie würdet ihr für euch selbst die Frage nach dem Sinn beantworten? Schreibt einen kurzen Text nach dem Muster der Schüleräußerungen.

3.1.2 Der Sinn des Lebens in der Erfahrung der Dichter

Die Flamme

Ob du tanzen gehst in Tand und Plunder,
Ob dein Herz sich wund in Sorgen müht,
Täglich neu erfährst du doch das Wunder,
Daß des Lebens Flamme in dir glüht.

Mancher läßt sie lodern und verprassen,
Trunken im verzückten Augenblick,
Andre geben sorglich und gelassen
Kind und Enkeln weiter ihr Geschick.

    Doch verloren sind nur dessen Tage,
    Den sein Weg durch dumpfe Dämmrung führt,
    Der sich sättigt in des Tages Plage
    Und des Lebens Flamme niemals spürt.

Hermann Hesse

Leben eines Mannes

Gestern fuhr ich Fische fangen,
Heut bin ich zum Wein gegangen,
– Morgen bin ich tot –
Grüne, goldgeschuppte Fische,
Rote Pfützen auf dem Tische,
Rings um weißes Brot.

Gestern ist es Mai gewesen,
Heute wolln wir Verse lesen,
Morgen wolln wir Schweine stechen,
Würste machen, Äpfel brechen,
Pfundweis alle Bettler stopfen,
Und auf pralle Bäuche klopfen,
– Morgen bin ich tot –

Rosen setzen, Ulmen pflanzen,
Schlittenfahren, fastnachtstanzen,
Netze flicken, Lauten rühren,
Häuser bauen, Kriege führen,
Frauen nehmen, Kinder zeugen,
Übermorgen Knie beugen,
Übermorgen Knechte löhnen,
Übermorgen Gott versöhnen –
Morgen bin ich tot.

Werner Bergengruen

A1: Formuliert die Hauptaussagen der Gedichte als Thesen. Bezieht Stellung zu den Thesen, und begründet und entfaltet eure Entscheidung in einer Diskussion.
A2: Wählt eines der Gedichte aus, und fertigt eine passende Illustration dazu an.

3.1.3 Das Leben als Reise: Was ist das Ziel?

Die folgenden drei Texte vergleichen das Leben des Menschen mit einer Reise und geben dabei unterschiedliche Antworten auf die Sinnfrage.

In seinem Märchen „Der kleine Prinz" läßt Antoine de Saint-Exupéry seine Titelfigur von einem anderen Stern auf die Erde kommen, so daß er vieles nicht kennt, was in der Welt der Menschen selbstverständlich scheint.
Auch das zweite Gedicht vergleicht das Leben mit einer Reise.
Im dritten Text hat der Dichter sich die zehnjährige Irrfahrt des Odysseus nach dem Trojanischen Krieg zum Motiv gewählt. Odysseus war von den Göttern dazu verurteilt worden, viele Abenteuer auf See bestehen zu müssen, bevor er auf seine Heimatinsel Ithaki zurückkehren durfte. Er hatte den Zorn des Meeresgottes Poseidon auf sich gezogen, der im Trojanischen Krieg auf seiten der Gegner stand. Zu den Abenteuern, die er bestehen mußte, gehörten u. a. die Verteidigung gegen die Lästrygonen, ein Volk von menschenfressenden Riesen, und gegen die Zyklopen, eine Gruppe von Giganten mit nur einem Auge mitten auf der Stirn. Seine Fahrt trieb Odysseus und seine Gefährten kreuz und quer durch das Mittelmeer, so z. B. auch nach Phönizien; das war der Name für die syrische Küstenlandschaft, wo es reiche Stadtstaaten ab. Sein Ziel war und blieb seine Heimatinsel Ithaki, die Konstantin Kavafis nun gleichsetzt mit dem Ziel, das sich jeder Mensch im Leben steckt.

Der kleine Prinz

„Guten Tag", sagte der kleine Prinz.
„Guten Tag", sagte der Weichensteller.
„Was machst du da?" sagte der kleine Prinz.
„Ich sortiere die Reisenden nach Tausenderpaketen", sagte der Weichensteller. „Ich schicke die Züge, die sie fortbringen, bald nach rechts, bald nach links."
Und ein lichterfunkelnder Schnellzug, grollend wie der Donner, machte das Weichenstellerhäuschen erzittern.
„Sie haben es sehr eilig", sagte der kleine Prinz. „Wohin wollen sie?"
„Der Mann von der Lokomotive weiß es selbst nicht", sagte der Weichensteller.
Und ein zweiter blitzender Schnellzug donnerte vorbei, in entgegengesetzter Richtung.
„Sie kommen schon zurück?" fragte der kleine Prinz ...
„Das sind nicht die gleichen", sagte der Weichensteller. „Das wechselt."
„Waren sie nicht zufrieden dort, wo sie waren?"
„Man ist nie zufrieden dort, wo man ist", sagte der Weichensteller.
Und es rollte der Donner eines dritten funkelnden Schnellzuges vorbei.

„Verfolgen diese die ersten Reisenden?" fragte der kleine Prinz.
„Sie verfolgen gar nichts", sagte der Weichensteller. „Sie schlafen da drinnen oder sie gähnen auch. Nur die Kinder drücken ihre Nasen gegen die Fensterscheiben."
„Nur die Kinder wissen, wohin sie wollen", sagte der kleine Prinz. „Sie wenden ihre Zeit an eine Puppe aus Stoff-Fetzen, und die Puppe wird ihnen sehr wertvoll, und wenn man sie ihnen wegnimmt, weinen sie ..."
„Sie haben es gut", sagte der Weichensteller.

Antoine de Saint-Exupéry

Das Eisenbahngleichnis

Wir sitzen alle im gleichen Zug
und reisen quer durch die Zeit.
Wir sehen hinaus. Wir sahen genug.
Wir fahren alle im gleichen Zug.
Und keiner weiß, wie weit.

Ein Nachbar schläft, ein andrer klagt,
ein dritter redet viel.
Stationen werden angesagt.
Der Zug, der durch die Jahre jagt,
kommt niemals an sein Ziel.

Wir packen aus. Wir packen ein.
Wir finden keinen Sinn.
Wo werden wir wohl morgen sein?
Der Schaffner schaut zur Tür herein
und lächelt vor sich hin.

Auch er weiß nicht, wohin er will.
Er schweigt und geht hinaus.
Da heult die Zugsirene schrill!
Der Zug fährt langsam und hält still.
Die Toten steigen aus.

Ein Kind steigt aus. Die Mutter schreit.
Die Toten stehen stumm
am Bahnsteig der Vergangenheit.
Der Zug fährt weiter, er jagt durch die Zeit,
und niemand weiß, warum.

Die 1. Klasse ist fast leer.
Ein feister Herr sitzt stolz
im roten Plüsch und atmet schwer.
Er ist allein und spürt das sehr.
Die Mehrheit sitzt auf Holz.

Wir reisen alle im gleichen Zug
zur Gegenwart in spe.
Wir sehen hinaus. Wir sahen genug.
Wir sitzen alle im gleichen Zug
und viele im falschen Coupé.

Erich Kästner

Ithaki

Wenn du auf deiner Wanderung nach Ithaki kommst,
wünsche dir, daß der Weg weit sei,
gefüllt mit Erlebnissen und Kenntnissen;
die Lästrygonen und die Zyklopen,
den wütenden Poseidon fürchte nicht,
die wirst du auf deinem Weg nicht finden,
wenn deine Gedanken erhaben und gewählt bleiben,
wenn Beweglichkeit deinen Körper und deinen Geist bestimmen;
die Lästrygonen und die Zyklopen,
den wilden Poseidon wirst du nicht treffen,
wenn du sie nicht in deiner Seele trägst,
wenn deine Seele sie nicht vor dir errichtet.

Wünsche dir, daß der Weg weit sei,
daß du viele Sommermorgen erlebst,
an denen du mit Genuß und Freude

Die Frage nach dem Sinn des Lebens

einläufst in nie geschaute Häfen;
an denen du anhältst an phönizischen Handelsplätzen
und gute Waren erwirbst: Perlmutt, Korallen, Ebenholz und Bernstein
und reichlich üppiges Räucherwerk jeder Art;
Segle in viele ägyptische Städte,
daß du von ihren Gelehrten lernst.

Aber habe Ithaki überall im Sinn.
Die Ankunft dort ist deine Bestimmung.
Doch eile dich keinesfalls mit der Reise;
es ist besser, daß sie viele Jahre dauert,
und – alt geworden – findest du dann Zuflucht auf der Insel,
reich durch das, was du verdient hast auf dem Weg.
Erhoffe nicht Reichtum von ihr,
denn Ithaki hat dir eine schöne Reise geschenkt,
ohne die Insel hättest du dich nicht auf den Weg gemacht.

Aber jetzt hat sie dir nichts weiter zu geben.
Und wenn du sie arm findest: Ithaki hat dich nicht betrogen.
So weise, wie du geworden bist,
mit soviel Erfahrung,
so wirst du verstehen,
was Ithaki bedeutet.

Konstantin Kavafis

3.2 Wenn alles sinnlos erscheint …

3.2.1 An diesem Dienstag

Die Woche hat einen Dienstag.
Das Jahr ein halbes Hundert.
Der Krieg hat viele Dienstage.

An diesem Dienstag
übten sie in der Schule die großen Buchstaben. Die Lehrerin hatte eine Brille mit dicken Gläsern. Die hatten keinen Rand. Sie waren so dick, daß die Augen ganz leise aussahen.
Zweiundvierzig Mädchen saßen vor der schwarzen Tafel und schrieben mit großen Buchstaben:
DER ALTE FRITZ HATTE EINEN TRINKBECHER AUS BLECH. DIE DICKE BERTA SCHOSS BIS PARIS. IM KRIEG SIND ALLE VÄTER SOLDAT.
Ulla kam mit der Zungenspitze bis an die Nase. Da stieß die Lehrerin sie an. Du hast Krieg mit ch geschrieben, Ulla. Krieg wird mit g geschrieben. G wie Grube. Wie oft habe ich das schon gesagt. Die Lehrerin nahm ein Buch und machte einen Haken hinter Ullas Namen. Zu morgen schreibst du den Satz zehnmal ab, schön sauber, verstehst du? Ja, sagte Ulla und dachte: Die mit ihrer Brille.
Auf dem Schulhof fraßen die Nebelkrähen das weggeworfene Brot.

An diesem Dienstag
wurde Leutnant Ehlers zum Bataillonskommandeur befohlen.
Sie müssen den roten Schal abnehmen, Herr Ehlers.
Herr Major?
Doch Ehlers. In der Zweiten ist so was nicht beliebt.
Ich komme in die zweite Kompanie?
Ja, und die lieben so was nicht. Da kommen Sie nicht mit durch. Die Zweite ist an das Korrekte gewöhnt. Mit dem roten Schal läßt die Kompanie Sie glatt stehen. Hauptmann Hesse trug so was nicht.
Ist Hesse verwundet?
Nee, er hat sich krank gemeldet. Fühlte sich nicht gut, sagte er. Seit er Hauptmann ist, ist er ein bißchen flau geworden, der Hesse. Versteh ich nicht. War sonst immer so korrekt. Na ja, Ehlers, sehen Sie zu, daß Sie mit der Kompanie fertig werden. Hesse hat die Leute gut erzogen. Und den Schal nehmen Sie ab, klar?
Türlich, Herr Major.
Und passen Sie auf, daß die Leute mit den Zigaretten vorsichtig sind. Da muß ja jedem anständigen Scharfschützen der Zeigefinger jucken, wenn er diese Glühwürmchen herumschwirren sieht. Vorige Woche hatten wir fünf Kopfschüsse. Also passen Sie ein bißchen auf, ja?
Jawohl, Herr Major.
Auf dem Weg zur zweiten Kompanie nahm Leutnant Ehlers den roten Schal ab. Er steckte eine Zigarette an. Kompanieführer Ehlers, sagte er laut.
Da schoß es.

An diesem Dienstag
sagte Herr Hansen zu Fräulein Severin: Wir müssen dem Hesse auch mal wieder was schicken, Severinchen. Was zu rauchen, was zu knabbern. Ein bißchen Literatur. Ein paar Handschuhe oder so was? Die Jungens haben einen verdammt schlechten Winter draußen. Ich kenne das. Vielen Dank.
Hölderlin vielleicht, Herr Hansen?
Unsinn, Severinchen, Unsinn. Nein, ruhig ein bißchen freundlicher. Wilhelm Busch oder so. Hesse war doch mehr für

das Leichte. Lacht doch gern, das wissen Sie doch. Mein Gott, Severinchen, was kann dieser Hesse lachen!
Ja, das kann er, sagte Fräulein Severin.
An diesem Dienstag
trugen sie Hauptmann Hesse auf einer Bahre in die Entlausungsanstalt. An der Tür war ein Schild:
Ob General, ob Grenadier:
Die Haare bleiben hier.
Er wurde geschoren. Der Sanitäter hatte lange dünne Finger. Wie Spinnenbeine. An den Knöcheln waren sie etwas gerötet. Sie rieben ihn mit etwas ab, das roch nach Apotheke. Dann fühlten die Spinnenbeine nach seinem Puls und schrieben in ein dickes Buch: Temperatur 41,6. Puls 116. Ohne Besinnung. Fleckfieberverdacht. Der Sanitäter machte das dicke Buch zu. Seuchenlazarett Smolensk stand da drauf. Und darunter: Vierzehnhundert Betten.
Die Träger nahmen die Bahre hoch. Auf der Treppe pendelte sein Kopf aus den Decken heraus und immer hin und her bei jeder Stufe. Und kurzgeschoren. Und dabei hatte er immer über die Russen gelacht. Der eine Träger hatte Schnupfen.

Kind-Soldat

An diesem Dienstag
klingelte Frau Hesse bei ihrer Nachbarin. Als die Tür aufging, wedelte sie mit dem Brief. Er ist Hauptmann geworden. Hauptmann und Kompaniechef, schreibt er. Und sie haben über 40 Grad Kälte. Neun Tage hat der Brief gedauert. An Frau Hauptmann Hesse hat er oben draufgeschrieben.
Sie hielt den Brief hoch. Aber die Nachbarin sah nicht hin. 40 Grad Kälte, sagte sie, die armen Jungs. 40 Grad Kälte.

An diesem Dienstag
fragte der Oberfeldarzt des Seuchenlazarettes Smolensk: Wieviel sind es jeden Tag?
Ein halbes Dutzend.
Scheußlich, sagte der Oberfeldarzt.
Ja, scheußlich, sagte der Chefarzt.
Dabei sahen sie sich nicht an.

An diesem Dienstag
spielten sie die Zauberflöte. Frau Hesse hatte sich die Lippen rot gemacht.

An diesem Dienstag
schrieb Schwester Elisabeth an ihre Eltern: Ohne Gott hält man das gar nicht durch. Aber als der Unterarzt kam, stand sie auf. Er ging so krumm, als trüge er ganz Rußland durch den Saal.

Soll ich ihm noch was geben? fragte die Schwester.
Nein, sagte der Unterarzt. Er sagte das so leise, als ob er sich schämte.
Dann trugen sie Hauptmann Hesse hinaus. Draußen polterte es. Die bumsen immer so. Warum können sie die Toten nicht langsam hinlegen. Jedesmal lassen sie sie so auf die Erde bumsen. Das sagte einer. Und sein Nachbar sang leise:
Zicke zacke juppheidi,
schneidig ist die Infanterie.
Der Unterarzt ging von Bett zu Bett. Jeden Tag. Tag und Nacht. Tagelang. Nächte durch. Krumm ging er. Er trug ganz Rußland durch den Saal. Draußen stolperten zwei Krankenträger mit einer leeren Bahre davon. Nummer 4, sagte der eine. Er hatte Schnupfen.

An diesem Dienstag
saß Ulla abends und malte in ihr Schreibheft mit großen Buchstaben:
IM KRIEG SIND ALLE VÄTER SOLDAT.
IM KRIEG SIND ALLE VÄTER SOLDAT.
Zehnmal schrieb sie das. Mit großen Buchstaben. Und Krieg mit G. Wie Grube.

Wolfgang Borchert

A: Im Krieg wird der Sinn des Lebens auf besonders radikale Art und Weise in Frage gestellt. Wodurch macht Borchert dies deutlich? Könnt ihr nach seinem Muster eine eigene Geschichte schreiben?

3.2.2 Behalt das Leben lieb

Behinderten Menschen beggenen wir in vielen Bereichen unseres Lebens – auf der Straße, in Omnibussen und U-Bahnen, am Arbeitsplatz, in den Schulen und in den Medien. Aber was wissen wir wirklich von ihnen? Wie meistern sie ihr Leben?
Der Jugendbuchautor Jaap ter Haar schildert das Schicksal des dreizehnjährigen Beer, der durch einen Unfall sein Augenlicht verloren hat. Hier lest ihr einen Ausschnitt aus dem Roman, in dem von der Heimkehr des erblindeten Jungen in sein Elternhaus erzählt wird.

Jetzt stand er vor dem eigenen Gartenzaun, mit dem eigenen Haus dahinter, und er sah das alles nicht. Es erschien auch kein Bild auf dem Bildschirm seiner Vorstellung, seine Ratlosigkeit hing wie ein pechschwarzer Vorhang davor.
Wieder zu Hause! Doch alles, was davon übrigblieb, waren die unsicheren Schritte auf dem Weg durch den Garten. Die Haustür ging auf. Die aufgeregte Stimme von Annemiek flog ihm entgegen: „Ha, Beer! Fein, daß du wieder da bist!" Er kriegte einen unbeholfenen Kuß aufs Ohr, weil er seinen Kopf im letzten Moment doch in die falsche Richtung gedreht hatte. Dann wieder weitertappen in vollkommener Dunkelheit.
„Achte auf die Treppe", warnte Vater. Wieder so ein Spruch für Dreikäsehochs, der wie der Stachel einer Wespe mitten in die Verzweiflung traf. Hob er nur deshalb seinen Fuß zu früh? Und stolperte er deshalb beinahe doch noch über die verdammten Platten vor der Tür?
Wieder zu Hause! Er stand jetzt im Korridor – in dem einst so vertrauten, jetzt aber unsichtbar gewordenen Korridor –, aber Freude überkam ihn nicht.
„Endlich." Mutters Stimme klang froh und glücklich, weil sie ihr Kind, mochte es auch noch so versehrt sein, wieder unter ihre Fittiche nehmen konnte.
„Du hast eine Torte geschickt bekommen", sagte Annemiek. „Und Goof hat angerufen. Ob du schon da seist. Und Frau Den Beste hat eine Schachtel Pralinen gebracht. Und Tante Mansje …"
„Das kommt alles noch", sagte der Vater, der nervös an seinem Feuerzeug knipste, das nicht brennen wollte.
Zögernd ging Beer den Korridor entlang. Mutter nahm ihn behutsam in den Arm, aber er machte sich los. Unter seinem Verband war die Welt unheilverkündend schwarz.

„Bist du müde? Willst du dich ein bißchen hinlegen?"
Beer schüttelte den Kopf. Er wollte allein sein. In Gottes Namen einfach allein sein mit seiner Angst und seiner zugeschnürten Kehle. „Erst mal in mein Zimmer."
Schließlich fand er doch das Treppengeländer und die ersten Stufen.
Mutter war schon wieder hinter ihm. „Geht's?"
„Ja, Mutter. Ich find's schon." Er sagte es so freundlich wie möglich, um den anderen die Freude über seine Rückkehr nicht ganz zu verderben.
„Laß ihn nur." Geflüsterte Worte von Vater, der natürlich, zu Mutter und Annemiek gewandt, vielsagende Gesten machte.
(…)
Das Zimmer roch nach Farbe. Hatte Vater es während seiner Abwesenheit renoviert? Vorsichtig tastete Beer die vertrauten Wände ab. Er roch an der Tür. Nein, die hatte keine Farbe abgekriegt.
Das Bett stand noch an derselben Stelle. Aber was war das? „He …"
Der Tisch war weggerückt. An der Wand stand ein neues Regal: ein Riesending, in große und kleinere Fächer unterteilt. Hatten Vater und Mutter das Regal selbst gebaut und angestrichen?
„Das kann doch nicht …"
Es rührte Beer fast zu Tränen, als er begriff, daß seine Eltern sich für ihn ganz schön den Kopf zerbrochen hatten. Ein Regal mit Fächern! Da würde er seine Sachen bequem finden, solange nur alles ordentlich in die dafür bestimmten Fächer gelegt wurde.
Der Tisch stand jetzt unter dem rechten Fenster. Beer ging um ihn herum, stieß gegen den Stuhl. Halt suchend, berührte seine Hand einen schweren, stählernen Gegenstand, der sich auf dem Tisch befand.

„Teufel …"
Er spürte einen runden Drehkopf, hervorstehende Metallteile, dann berührten seine Finger eine Tastatur.
„Eine Schreibmaschine", murmelte er. Er tastete weiter, und seine Hände berührten einen zweiten Gegenstand. Wieder fanden seine Finger Tasten. Noch eine Schreibmaschine? Warum zwei? Vater fand doch sein Geld nicht auf der Straße? Allmählich wurde ihm die Wahrheit bewußt. Mit einem Kugelschreiber oder einem Füller würde er seine Hausaufgaben nicht mehr machen können. Das wäre für die Lehrer unlesbar. Eine normale Schreibmaschine war die Lösung.
Und der andere Apparat mit der viel kleineren Tastatur? Sollte der vielleicht Blindenschrift schreiben?
„Wahrhaftig!" Links auf dem Tisch lagen einige Bogen Papier. Seine Fingerspitzen nahmen die kleinen Erhebungen der Punktschrift wahr, die in das starke Papier gedruckt waren.
Die Blindenschreibmaschine war ein greifbarer Beweis für die Sorgen, die sich Vater und Mutter gemacht hatten.
(…)
Beer lief zum offenen Fenster und atmete die Frühlingsluft tief ein. Und es war, als trüge ihm der warme Wind die Worte des Studenten zu. „Beer, was einen Menschen wirklich blind macht und lähmt, das sind Mißtrauen, Angst und Auflehnung. Die machen alles dunkel. Aber mit ein bißchen Glauben, ein bißchen Mut und ein bißchen Lebensbejahung bleibt es hell!"
Der Student hatte recht gehabt. Während der bedrückenden Fahrt von Saal 3 nach Hause hatten Dunkelheit und Ausweglosigkeit Beer vollkommen beherrscht. Nun, da seine Stimmung umschlug, sah er die Dinge wie von selbst wieder vor sich.
Beer steckte den Kopf zum Fenster hinaus. Unter ihm lag der Garten. Vertraute Bilder traten vor seinen inneren Blick: der Rasen, der Zierjohannisbeerstrauch, der jetzt wohl gerade blühen mußte. Dahinter die Wand mit Mutters Rosen und der Ziegelweg zum Schuppen. „Ja", sagte Beer laut. Er hatte das Licht in seiner Hand. Er spürte die Sonne auf seinem Gesicht. Von einem hohen Zweig tönte das Gezwitscher einer Drossel.
Es war gut zu leben, und es wurde Zeit hinunterzugehen. Mußte er seinen Eltern nicht endlich sagen, wie schön es für ihn war, wieder zu Hause zu sein?

Jaap ter Haar

In der Philosophie ist der Begriff „Grenzsituationen" geprägt worden für Erlebnisse, in denen dem Menschen bewußt wird: Hier stehe ich an der Grenze meiner Möglichkeiten als Mensch. Solche Grenzsituationen sind: Leid, Schuld, Tod, Krankheit. Wir müssen deshalb nicht in Resignation verfallen, sondern können über die Grenzsituation nachdenken, uns als Menschen mit unseren Grenzen bejahen und so die Grenzsituation bewältigen.

A1: Welche Gedanken bewegen den Jungen? Warum faßt er doch Zuversicht?
A2: Kennt ihr andere als die in der Geschichte beschriebenen Grenzsituationen?
A3: In der Zeitung stoßt ihr täglich auf Nachrichten von Erlebnissen, die Menschen in Grenzsituationen bringen. Sammelt solche Meldungen und überlegt, wie die betroffenen Menschen reagieren könnten.

3.2.3 Vor dem Tod

Die härteste Grenzerfahrung ist die Konfrontation des Menschen mit dem Tod. Angesichts dieses Erlebnisses ist die Frage nach dem Sinn unausweichlich.

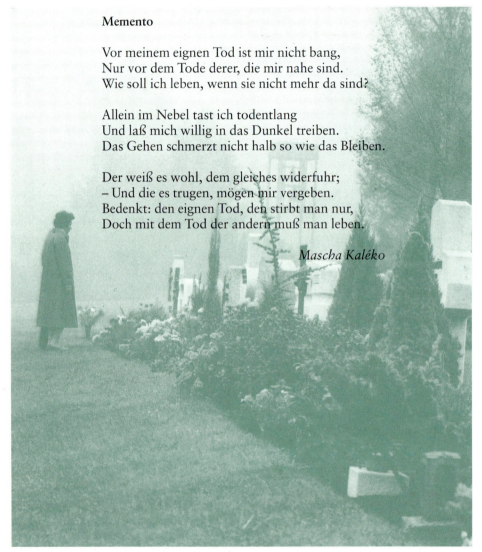

Memento

Vor meinem eignen Tod ist mir nicht bang,
Nur vor dem Tode derer, die mir nahe sind.
Wie soll ich leben, wenn sie nicht mehr da sind?

Allein im Nebel tast ich todentlang
Und laß mich willig in das Dunkel treiben.
Das Gehen schmerzt nicht halb so wie das Bleiben.

Der weiß es wohl, dem gleiches widerfuhr;
– Und die es trugen, mögen mir vergeben.
Bedenkt: den eignen Tod, den stirbt man nur,
Doch mit dem Tod der andern muß man leben.

Mascha Kaléko

P: Besucht einen Friedhof. Was sagt die Gestaltung der Gräber aus über die Toten, die Hinterbliebenen und ihr Verhältnis zueinander?

3.3 Der Sinn des Lebens? – Mögliche Antworten

3.3.1 Wohlstand – Erfolg – Glück – Freundschaft

Alles hat Sinn, was etwas Positives bewirkt. Spaß ist etwas Positives oder Geld oder Frauen.
Der Sinn des Lebens ist es also in erster Linie, Spaß daran zu haben. Die weiteren Ziele muß sich jeder selbst stecken, vielleicht: etwas Gutes für andere tun. Aber auch das ist nur sinnvoll, wenn man davon überzeugt ist, daß es sich dabei um etwas wirklich Positives handelt.
Pascal, 17 Jahre

Für mich besteht der Sinn des Lebens darin, daß man versucht, die Ideen, Ideale oder Träume, die man sich gesetzt hat, ganz oder teilweise zu verwirklichen.
Für den einen mag das bedeuten, möglichst viel Geld zu verdienen, für den anderen, möglichst viel Freiheit zu genießen und Spaß zu haben. Der Wunsch, diese angestrebten Ziele zu erreichen, ist der eigentliche Antrieb zum Leben. Steckt man sich keine solchen Ziele, dann erscheint das Leben eventuell als sinnlos. Schafft man es aber, seine Träume zu realisieren, so erscheint das Leben automatisch sinnvoll.
Christian, 17 Jahre

Der Sinn des Lebens. Tja, was ist der Sinn unseres Daseins? Ich denke mir, daß die Frage nach dem Sinn des Lebens von der Situation abhängt, in der man sich gerade befindet.
So sieht man keinen Sinn in seinem Leben, wenn man zum Beispiel Schwierigkeiten in Beruf oder Schule, in der Familie oder mit den Finanzen hat. Meistens kommen solche Probleme alle auf einmal, und dann fragt man sich: „Warum lebe ich eigentlich; was wäre, wenn ich

nicht leben würde? Keiner würde mich vermissen." Irgendwann begegnet man aber dann einem Menschen, der es einem „abgewöhnt", immer nur negativ zu denken. Dann fängst du an, Spaß am Leben zu haben, und irgendwann fragst du nur noch nebenbei: „Was ist eigentlich der Sinn des Lebens?" Als Antwort hörst du: „Der Sinn des Lebens – das ist das Leben selbst." Und dann sagst du: „Stimmt!"

Malte, 16 Jahre

A: Versucht euch das weitere Leben der drei Jugendlichen vorzustellen: Wie könnten sich die Einstellungen der drei auf ihre Berufswahl und ihr späteres Privatleben auswirken? Was werden sie vielleicht annehmen, was ablehnen? Wie könnten sie auf Schicksalsschläge reagieren?

3.3.2 Der Sinn des Lebens – abhängig vom Alter?

Hat das Leben überhaupt einen Sinn? Darüber habe ich schon sehr oft nachgedacht, aber ich finde einfach keine Antwort darauf. Es gibt Leute, die sagen, der Sinn des Lebens bestehe darin, das Beste aus seinem Leben zu machen; sei es im Beruf oder im privaten Bereich. Ich kann diese Leute nur teilweise verstehen. Natürlich möchte ich einmal Erfolg im Beruf haben, aber ich finde nicht, daß darin der SINN des Lebens besteht. Für mich ist das eher ein Ziel. Und zwischen Sinn und Ziel besteht meiner Meinung nach ein Unterschied. Es besteht auch ein Unterschied zwischen einem „Sinn für andere" und einem „Sinn für mich". Ich glaube, daß Menschen, die den Sinn des Lebens

darin sehen, das Beste aus IHREM Leben zu machen, einen sehr egoistischen Sinn meinen. SIE sind zufrieden, wenn sie beispielsweise erfolgreich sind, aber sie fragen sich nicht, ob ihr Leben auch einen Sinn für andere hat.

Es gibt Tage, an denen ich mich frage, was bringt es eigentlich den anderen, daß es mich gibt. Ob ich lebe oder tot bin, das fällt doch gar nicht auf. Selbst wenn ich erfolgreich bin, fällt das alles weg, wenn ich sterbe. Ich werde geboren, wachse auf, ergreife einen Beruf, werde älter, und irgendwann sterbe ich dann. Wozu habe ich eigentlich gelebt? Darüber könnte ich verzweifeln, weil ich dann nicht mehr den Sinn, sondern nur noch die Sinnlosigkeit des Lebens sehe. Ich kann mir aber vorstellen, daß es Leute gibt, die einen Sinn darin sehen, etwas Bleibendes, Wichtiges – für andere Menschen – zu hinterlassen. So zum Beispiel Wissenschaftler, die etwas erfinden, was den nachkommenden Generationen weiterhilft. Oder Ärzte, die als Entwicklungshelfer in die sogenannte Dritte Welt gehen.

Vielleicht werde ich das auch einmal machen.

Vielleicht finde ich dann den Sinn des Lebens. *Anna, 17 Jahre*

Die Frage nach dem Sinn des Lebens ist wahrscheinlich die am meisten gestellte Frage des denkenden Wesens; und eine der wenigen, die wahrscheinlich immer unbeantwortet bleiben wird. Man könnte sagen, der Sinn sei die Arterhaltung. Doch hält man sich vor Augen, wie kurz das Bestehen der menschlichen Rasse gegenüber der Unendlichkeit des Universums ist, so wird klar, daß das auch nicht der alleinige Sinn sein kann.

Was kann ein menschliches Wesen schon in seinem Leben vollbringen? Für sich selbst wohl eine Menge, doch reicht dieses Wirken wohl kaum über die Grenzen unseres Planeten hinaus.

Der Kosmos existiert auch ohne uns; es gäbe wohl keine Veränderung, sollte die menschliche Rasse auf einmal aufhören zu existieren.

Vor diesem Hintergrund ist es nicht gerade aufbauend, über den Sinn unseres Lebens nachzudenken. Denn irgendwann gelangt man zu dem Schluß, daß es eigentlich gar keinen Sinn geben kann. Oder ist es nur unsere Unfähigkeit, das Wesen des Universums zu erfassen? Vielleicht gibt es diesen Sinn ja doch, und man erkennt ihn, wenn man die Struktur des Universums verstanden hat. Aber bis dahin wird es wohl kaum eine positive Antwort auf diese Frage geben. *Jens, 17 Jahre*

Vielleicht besteht der Sinn des Lebens für den Menschen darin, herauszufinden, welches der Sinn des Lebens ist. Das ist vielleicht etwas komisch ausgedrückt, aber eigentlich gar nicht so banal. Denn jeder ist irgendwo auf der Suche nach diesem Sinn.

Manche Menschen glauben, man lebt nur einmal; manche meinen, dieses Leben sei nur eine Vorbereitung auf das „richtige" Leben nach dem Tod. So fertigt sich jeder ein „Gerüst" an – Religion oder Politik oder die Wissenschaft –, um hinter das Geheimnis zu kommen. Ich muß zugeben, daß ich weit davon entfernt bin, bereits einen Sinn für mich gefunden zu haben. Aber ich glaube nicht, daß ich ihn in einem dieser genannten „Gerüste" finden werde. An der christlichen Sinnvorstellung stört mich zum Beispiel, daß die Paradiesvorstellung nur für Menschen gelten soll. Schließlich sind Tiere auch Lebewesen, für die es einen Sinn geben muß.

Michaela, 16 Jahre

A: Welche Erwartungen an das Leben haben Anna, Jens und Michaela? Welchen Lebensaufgaben könnten sie sich zuwenden?

Der Sinn des Lebens? Darüber habe ich früher öfter nachgedacht als heute. Vielleicht liegt das daran, daß ich mein Leben als sehr ausgefüllt betrachte, oder daran, daß man mit den Jahren einfach bescheidener wird.

Ich habe einen Mann und drei Kinder, und der Sinn meines Lebens besteht einfach darin, dafür zu sorgen, daß wir eine funktionierende Familie sind. Das bedeutet nicht nur, daß alle zu essen haben oder ausreichend Kleidung oder Spielzeug. Es steht viel mehr dahinter: Ich möchte meinen Kindern eine Orientierung geben, ihnen Dinge vermitteln, die wichtig sind: Liebesfähigkeit, Toleranz, Wärme, Aufrichtigkeit und ein klares Selbstbild. Einfach das „Handwerkszeug", um mit ihrem Leben und der Welt um sie herum zurechtzukommen.

Darin sehe ich momentan den Sinn meines Lebens. Wie gesagt, vielleicht wird man mit den Jahren bescheidener und verlangt nicht mehr, eine umfassende Antwort auf die Sinnfrage zu finden.

Ich glaube, danach zu suchen, ist das Vorrecht der Jugend – und sie nicht zu finden, ist die Qual der Jugend.

Jutta, 40 Jahre

Auch mit zunehmendem Alter habe ich nie aufgehört, über den Sinn des Lebens nachzudenken, aber mit dem Ergebnis bin ich nicht zufrieden. Ich habe einen solchen Sinn für mich bisher noch nicht definieren können. Die meisten meiner gleichaltrigen Freunde sind Familienväter und lachen mich aus, wenn ich ihnen mit der Sinnfrage komme. „Gründe erst einmal eine Familie, dann hast du keine Zeit mehr für solche Grübeleien", sagen sie.

Aber meiner Meinung nach gehen sie mit dieser Haltung der Frage nur aus dem Weg. Wenn sie plötzlich ihre Familie verlieren würden, dann hätten sie keine Antwort mehr darauf, worin der Sinn ihres Lebens bestehe.

Die meisten Menschen setzen ihre Energie für ein bestimmtes Ziel ein, und wenn sie es erreicht haben, ist dieses „Lebenswerk" ihre Antwort auf die Sinnfrage. Das ist doch alles nur Verdrängung. Aber andererseits – ich glaube, wenn ich erführe, daß ich bald sterben müßte, würde ich doch sehr an diesem Leben hängen.

Peter, 35 Jahre

A1: Vergleicht die Positionen der beiden Erwachsenen. Welcher könnt ihr euch selbst anschließen?
A2: Vergleicht die Aussagen von Anna, Jens und Michaela mit denen von Jutta und Peter. Welche Unterschiede, welche Gemeinsamkeiten stellt ihr fest?
A3: Wie könnte sich der Sinn des Lebens für euch ändern, wenn ihr älter werdet?

3.3.3 Die Frage nach dem Sinn stellt sich immer wieder neu

Die Jahre der Reife

Einer weit verbreiteten Auffassung zufolge sind alte Menschen aufgrund ihrer angesammelten Erfahrung weise und wertvolle Ratgeber. Untersuchungen haben jedoch gezeigt, daß dies eher auf das mittlere Alter zutrifft, also auf den Zeitabschnitt zwischen dem 35. und 55. Lebensjahr. Auch die Alten verlassen sich lieber auf Rat von Personen eher mittleren Alters.

Einem anderen Vorurteil entsprechend beschwört das mittlere Alter eine große Krise herauf, die sog. „mid-life crisis". Psychologen haben sich jedoch nicht auf einen Zeitpunkt einigen können, zu dem sich diese Krise ereignen soll. Einige plädieren für die 20er, andere für die 60er Jahre und die übrigen für irgendein Alter dazwischen. Außerdem kann man sich auch über die Art dieser Krise nicht einig werden. Man könnte somit vermuten, daß dieses Konzept einer soliden Tatsachenbasis entbehrt. Diese Vermutung wird durch eine kürzlich veröffentlichte Untersuchung unterstützt, die zeigt, daß das mittlere Lebensalter „die beste Zeit" des Erwachsenenalters ist. Gefühle wie Entfremdung, Kraftlosigkeit, Hilflosigkeit, Sinnlosigkeit und Interessenlosigkeit traten sehr häufig bei jungen Erwachsenen auf. Die Ergebnisse für die Gruppe derjenigen Personen, die im hohen Alter waren, lagen zwischen den für die beiden anderen Gruppen ermittelten.

Nichtsdestoweniger ist das mittlere Erwachsenenalter nicht frei von Krisen. Die auftretenden Krisen können sowohl physiologischer als auch psychologischer Art sein und müssen von demjenigen, der nicht will, daß eine Stagnation eintritt, bewältigt werden.

Die Menopause

Das Wort *Menopause* stammt aus dem Griechischen menos (dt. Monat) und pausein (dt. verursachen aufzuhören). Der Begriff Menopause bezeichnet den Zeitraum, in dem physiologische Veränderungen bei der Frau ein natürliches Ausbleiben der Menstruation und des

Menstruationszyklus bewirken. Während dieser Zeit treten oft plötzliche Hitzewallungen auf, und viele Frauen empfinden diese Zeit als unangenehm. Die Menopause ist ein Zeichen für das Ende der Fruchtbarkeit, jedoch betrachten Frauen im mittleren Alter dies nicht als eine schwere Krise, lediglich 4% der Frauen dieser Altersgruppe bezeichneten im Rahmen einer Fragebogenerhebung die Menopause als die schlimmste Krise dieses Lebensalters; die meisten, die diesen Lebensabschnitt schon hinter sich hatten, gaben nachträglich sogar ein positives Gefühl an (...).

Berufliche Laufbahn

Eine der Krisen des mittleren Alters steht mit der beruflichen Tätigkeit in Zusammenhang. Die Person mittleren Alters verspürt eine Enttäuschung, die aus der Diskrepanz zwischen den früheren Ambitionen und dem zu diesem Zeitpunkt tatsächlich Erreichten resultiert. Diese Diskrepanz ist nur dann nicht enttäuschend, wenn die früheren Ambitionen eher bescheiden waren oder die betreffende Person Glück gehabt hat. Diese Krise betrifft den Mann gewöhnlich direkter als die Frau, auch wenn der indirekte Einfluß auf sie recht groß sein kann. Diese Krise fällt oft mit einer anderen zusammen, die meist dann aufkommt, wenn das letzte Kind der Familie das Elternhaus verläßt („Verlassenes-Nest-Krise"), und von der insbesondere Ehefrauen betroffen sind (...). Häufig erhalten die Frauen bei der Bewältigung dieser Krise keine Unterstützung durch ihren Ehemann, da dieser von der Bewältigung seiner eigenen Krise zu sehr in Anspruch genommen ist und sich an Beschränkungen seines beruflichen Weiterkommens und an die entsprechend spürbaren Grenzen seiner Leistungsfähigkeit anpassen muß. Insbesondere dann, wenn die Ehefrau vornehmlich die traditionelle Rolle der Frau in der Gesellschaft – „Frau und Mutter" zu sein – erlernt hat, führt das Fortgehen des letzten oder einzigen Kindes zu einer Krise. Die Ehefrau hat zu diesem Zeitpunkt das Hauptziel ihres Lebens erreicht und wird plötzlich, gegen ihren Willen und völlig unerwartet, „pensioniert". Was in dieser Situation am meisten belastet, sind die Anzeichen dafür, daß die eigene Jugend vergangen ist. Das alternde Gesicht im Spiegel und die Menopause machen es unmöglich, sich über den Verlust seiner Jugend hinwegzutäuschen. Wenn man bedenkt, wie Jugendlichkeit (besonders in weiblicher Gestalt) in unserer Gesellschaft geradezu angebetet wird, so ist einzuräumen, daß der Anlaß für die Krise tatsächlich gegeben ist. Für die heutige Generation dürfte es kein Trost sein, daß die sinkende Geburtenrate und die gleichzeitig zunehmende Lebenserwartung das mittlere Alter (in den USA) auf 29 Jahre erhöht haben. Wenn dieser Trend sich fortsetzt, könnten allerdings auch entsprechend reifere Ideale in Mode kommen.

Philip G. Zimbardo

A1: Welche typischen Probleme haben Menschen im reifen Erwachsenenalter? Interviewt Vertreter dieser Generation zu den Problemen.
A2: Fragt Eltern, Verwandte, Lehrer: Hat sich ihre Jugendvorstellung vom Sinn des Lebens erfüllt? Haben sie Antworten gefunden, die sie vor zwanzig oder dreißig Jahren noch nicht kannten? Sind sie immer noch auf der Suche? Schreibt die eindrucksvollsten Antworten auf, und diskutiert darüber.

3.3.4 Die unwürdige Greisin

Meine Großmutter war zweiundsiebzig Jahre alt, als mein Großvater starb. Er hatte eine kleine Lithographenanstalt in einem badischen Städtchen und arbeitete darin mit zwei, drei Gehilfen bis zu seinem Tod. Meine Großmutter besorgte ohne Magd den Haushalt, betreute das alte, wacklige Haus und kochte für die Mannsleute und Kinder. Sie war eine kleine magere Frau mit lebhaften Eidechsenaugen, aber langsamer Sprechweise. Mit recht kärglichen Mitteln hatte sie fünf Kinder großgezogen – von den sieben, die sie geboren hatte. Davon war sie mit den Jahren kleiner geworden.

Bertolt Brecht

Von den Kindern gingen die zwei Mädchen nach Amerika, und zwei Söhne zogen ebenfalls weg. Nur der Jüngste, der eine schwache Gesundheit hatte, blieb im Städtchen. Er wurde Buchdrucker und legte sich eine viel zu große Familie zu.

So war sie allein im Haus, als mein Großvater gestorben war.

Die Kinder schrieben sich Briefe über das Problem, was mit ihr zu geschehen hätte. Einer konnte ihr bei sich ein Heim anbieten, und der Buchdrucker wollte mit den Seinen zu ihr ins Haus ziehen. Aber die Greisin verhielt sich abweisend zu den Vorschlägen und wollte nur von jedem ihrer Kinder, das dazu imstande war, eine kleine geldliche Unterstützung annehmen. Die Lithographenanstalt, längst veraltet, brachte fast nichts beim Verkauf, und es waren auch Schulden da.

Die Kinder schrieben ihr, sie könne doch nicht ganz allein leben, aber als sie darauf überhaupt nicht einging, gaben sie nach und schickten ihr monatlich ein bißchen Geld. Schließlich, dachten sie, war ja der Buchdrucker im Städtchen geblieben.

Der Buchdrucker übernahm es auch, seinen Geschwistern mitunter über die Mutter zu berichten. Seine Briefe an meinen Vater, und was dieser bei einem Besuch und nach dem Begräbnis meiner Großmutter zwei Jahre später erfuhr, geben mir ein Bild von dem, was in diesen zwei Jahren geschah.

Es scheint, daß der Buchdrucker von Anfang an enttäuscht war, daß meine Großmutter sich weigerte, ihn in das ziemlich große und nun leerstehende Haus aufzunehmen. Er wohnte mit vier Kindern in drei Zimmern. Aber die Greisin hielt überhaupt nur eine sehr lose Verbindung mit ihm aufrecht. Sie lud die Kinder jeden Sonntagnachmittag zum Kaffee, das war eigentlich alles.

Sie besuchte ihren Sohn ein- oder zweimal in einem Vierteljahr und half der Schwiegertochter beim Beereneinkochen. Die junge Frau entnahm einigen ihrer Äußerungen, daß es ihr in der kleinen Wohnung des Buchdruckers zu eng war. Dieser konnte sich nicht enthalten, in seinem Bericht darüber ein Ausrufezeichen anzubringen.

Antworten **89**

Auf eine schriftliche Anfrage meines Vaters, was die alte Frau denn jetzt so mache, antwortete er ziemlich kurz, sie besuche das Kino.

Man muß verstehen, daß das nichts Gewöhnliches war, jedenfalls nicht in den Augen ihrer Kinder. Das Kino war vor dreißig Jahren noch nicht, was es heute ist. Es handelte sich um elende, schlechtgelüftete Lokale, oft in alten Kegelbahnen eingerichtet, mit schreienden Plakaten vor dem Eingang, auf denen Morde und Tragödien der Leidenschaft angezeigt waren. Eigentlich gingen nur Halbwüchsige hin oder, des Dunkels wegen, Liebespaare. Eine einzelne alte Frau mußte dort sicher auffallen.

Und so war noch eine andere Seite dieses Kinobesuchs zu bedenken. Der Eintritt war gewiß billig, da aber das Vergnügen unter den Schleckereien rangierte, bedeutete es „hinausgeworfenes Geld". Und Geld hinauszuwerfen war nicht respektabel.

Dazu kam, daß meine Großmutter nicht nur mit ihrem Sohn am Ort keinen regelmäßigen Verkehr pflegte, sondern auch sonst niemanden von ihren Bekannten besuchte oder einlud. Sie ging niemals zu den Kaffeegesellschaften des Städtchens. Dafür besuchte sie häufig die Werkstatt eines Flickschusters in einem armen und sogar etwas verrufenen Gäßchen, in der, besonders nachmittags, allerlei nicht besonders respektable Existenzen herumsaßen, stellungslose Kellnerinnen und Handwerksburschen. Der Flickschuster war ein Mann in mittleren Jahren, der in der ganzen Welt herumgekommen war, ohne es zu etwas gebracht zu haben. Es hieß auch, daß er trank. Er war jedenfalls kein Verkehr für meine Großmutter.

Der Buchdrucker deutete in einem Brief an, daß er seine Mutter darauf hingewiesen, aber einen recht kühlen Bescheid bekommen habe. „Er hat etwas gesehen", war ihre Antwort, und das Gespräch war damit zu Ende. Es war nicht leicht, mit meiner Großmutter über Dinge zu reden, die sie nicht bereden wollte.

Etwa ein halbes Jahr nach dem Tod des Großvaters schrieb der Buchdrucker meinem Vater, daß die Mutter jetzt jeden zweiten Tag im Gasthof esse.

Was für eine Nachricht!

Großmutter, die zeit ihres Lebens für ein Dutzend Menschen gekocht und immer nur die Reste aufgegessen hatte, aß jetzt im Gasthof! Was war in sie gefahren?

Bald darauf führte meinen Vater eine Geschäftsreise in die Nähe, und er besuchte seine Mutter.

Er traf sie im Begriffe, auszugehen. Sie nahm den Hut wieder ab und setzte ihm ein Glas Rotwein und Zwieback vor. Sie schien ganz ausgeglichener Stimmung zu sein, weder besonders aufgekratzt noch besonders schweigsam. Sie erkundigte sich nach uns, allerdings nicht sehr eingehend, und wollte hauptsächlich wissen, ob es für die Kinder auch Kirschen gäbe. Da war sie ganz wie immer. Die Stube war natürlich peinlich sauber, und sie sah gesund aus.

Das einzige, was auf ihr neues Leben hindeutete, war, daß sie nicht mit meinem Vater auf den Gottesacker gehen wollte, das Grab ihres Mannes zu besuchen. „Du kannst allein hingehen", sagte sie beiläufig, „es ist das dritte von links in der elften Reihe. Ich muß noch wohin."

Der Buchdrucker erklärte nachher, daß sie wahrscheinlich zu ihrem Flickschuster mußte. Er klagte sehr.

„Ich sitze hier in diesen Löchern mit den Meinen und habe nur noch fünf Stunden Arbeit und schlechtbezahlte, dazu macht mir mein Asthma wieder zu schaffen, und das Haus in der Hauptstraße steht leer."

Mein Vater hatte im Gasthof ein Zim-

mer genommen, aber erwartet, daß er zum Wohnen doch von seiner Mutter eingeladen werden würde, wenigstens pro forma, aber sie sprach nicht davon. Und sogar als das Haus voll gewesen war, hatte sie immer etwas dagegen gehabt, daß er nicht bei ihnen wohnte und dazu das Geld für das Hotel ausgab! Aber sie schien mit ihrem Familienleben abgeschlossen zu haben und neue Wege zu gehen, jetzt, wo ihr Leben sich neigte. Mein Vater, der eine gute Portion Humor besaß, fand sie „ganz munter" und sagte meinem Onkel, er solle die alte Frau machen lassen, was sie wolle.
Aber was wollte sie?
Das nächste, was berichtet wurde, war, daß sie eine Bregg bestellt hatte und nach einem Ausflugsort gefahren war, an einem gewöhnlichen Donnerstag. Eine Bregg war ein großes, hochrädriges Pferdegefährt mit Plätzen für ganze Familien. Einige wenige Male, wenn wir Enkelkinder zu Besuch gekommen waren, hatte Großvater die Bregg gemietet. Großmutter war immer zu Hause geblieben. Sie hatte es mit einer wegwerfenden Handbewegung abgelehnt mitzukommen.
Und nach der Bregg kam die Reise nach K., einer größeren Stadt, etwa zwei Eisenbahnstunden entfernt. Dort war ein Pferderennen, und zu dem Pferderennen fuhr meine Großmutter.
Der Buchdrucker war jetzt durch und durch alarmiert. Er wollte einen Arzt hinzugezogen haben. Mein Vater schüttelte den Kopf, als er den Brief las, lehnte aber die Hinzuziehung eines Arztes ab.
Nach K. war meine Großmutter nicht allein gefahren. Sie hatte ein junges Mädchen mitgenommen, eine halb Schwachsinnige, wie der Buchdrucker schrieb, das Küchenmädchen des Gasthofs, in dem die Greisin jeden zweiten Tag speiste.

Dieser „Krüppel" spielte von jetzt an eine Rolle.
Meine Großmutter schien einen Narren an ihr gefressen zu haben. Sie nahm sie mit ins Kino und zum Flickschuster, der sich übrigens als Sozialdemokrat herausgestellt hatte, und es ging das Gerücht, daß die beiden Frauen bei einem Glas Rotwein in der Küche Karten spielten.
„Sie hat dem Krüppel jetzt einen Hut gekauft mit Rosen drauf", schrieb der Buchdrucker verzweifelt. „Und unsere Anna hat kein Kommunionskleid!"
Die Briefe meines Onkels wurden ganz hysterisch, handelten nur von der „unwürdigen Aufführung unserer lieben Mutter" und gaben sonst nichts mehr her. Das Weitere habe ich von meinem Vater.
Der Gastwirt hatte ihm mit Augenzwinkern zugeraunt: „Frau B. amüsiert sich ja jetzt, wie man hört."
In Wirklichkeit lebte meine Großmutter auch diese letzten Jahre keinesfalls üppig. Wenn sie nicht im Gasthof aß, nahm sie meist nur ein wenig Eierspeise

zu sich, etwas Kaffee und vor allem ihren geliebten Zwieback. Dafür leistete sie sich einen billigen Rotwein, von dem sie zu allen Mahlzeiten ein kleines Glas trank. Das Haus hielt sie sehr rein, und nicht nur die Schlafstube und die Küche, die sie benutzte. Jedoch nahm sie darauf ohne Wissen ihrer Kinder eine Hypothek auf. Es kam niemals heraus, was sie mit dem Geld machte. Sie scheint es dem Flickschuster gegeben zu haben. Er zog nach ihrem Tod in eine andere Stadt und soll dort ein größeres Geschäft für Maßschuhe eröffnet haben.

Genau betrachtet lebte sie hintereinander zwei Leben. Das eine, erste, als Tochter, als Frau und als Mutter, und das zweite einfach als Frau B., eine alleinstehende Person, ohne Verpflichtungen und mit bescheidenen, aber ausreichenden Mitteln. Das erste Leben dauerte etwa sechs Jahrzehnte, das zweite nicht mehr als zwei Jahre.

Mein Vater brachte in Erfahrung, daß sie im letzten halben Jahr sich gewisse Freiheiten gestattete, die normale Leute gar nicht kennen. So konnte sie im Sommer früh um drei Uhr aufstehen und durch die leeren Straßen des Städtchens spazieren, das sie so für sich ganz allein hatte. Und den Pfarrer, der sie besuchen kam, um der alten Frau in ihrer Vereinsamung Gesellschaft zu leisten, lud sie, wie allgemein behauptet wurde, ins Kino ein!

Sie war keineswegs vereinsamt. Bei dem Flickschuster verkehrten anscheinend lauter lustige Leute, und es wurde viel erzählt. Sie hatte dort immer eine Flasche ihres eigenen Rotweins stehen, und daraus trank sie ihr Gläschen, während die anderen erzählten und über die würdigen Autoritäten der Stadt loszogen. Der Rotwein blieb für sie reserviert, jedoch brachte sie mitunter der Gesellschaft stärkere Getränke mit.

Sie starb ganz unvermittelt an einem Herbstnachmittag in ihrem Schlafzimmer, aber nicht im Bett, sondern auf dem Holzstuhl am Fenster. Sie hatte den „Krüppel" für den Abend ins Kino eingeladen, und so war das Mädchen bei ihr, als sie starb. Sie war vierundsiebzig Jahre alt.

Ich habe eine Photographie von ihr gesehen, die sie auf dem Totenbett zeigt und die für die Kinder angefertigt worden war.

Man sieht ein winziges Gesichtchen mit vielen Falten und einen schmallippigen, aber breiten Mund. Viel Kleines, aber nichts Kleinliches. Sie hatte die langen Jahre der Knechtschaft und die kurzen Jahre der Freiheit ausgekostet und das Brot des Lebens aufgezehrt bis auf den letzten Brosamen.

Bertolt Brecht

A1: Welche Vorstellung vom Verhalten alter Menschen hat der Buchdrucker?
A2: Warum mag die Greisin dieser Vorstellung nicht entsprechen? Versetzt euch in ihre Lage, und schreibt aus ihrer Sicht einen Brief an ihren Sohn, in dem sie ihr Verhalten erklärt.

3.4 Wie man Sinn finden kann: Beispiele aus dem Leben bedeutender Persönlichkeiten

3.4.1 Albert Schweitzer

Am 13. Oktober 1905, einem Freitag, warf ich in Paris in einen Briefkasten der Avenue de la Grande Armée Briefe ein, in denen ich meinen Eltern und einigen meiner nächsten Bekannten mitteilte, daß ich mit Anfang des Wintersemesters Student der Medizin werden würde, um mich später als Arzt nach Äquatorialafrika zu begeben …

Den Plan, den ich nun zu verwirklichen unternahm, trug ich schon länger mit mir herum. Sein Ursprung reicht in meine Studentenzeit zurück. Es kam mir unfaßlich vor, daß ich, wo ich so viele Menschen um mich herum mit Leid und Sorge ringen sah, ein glückliches Leben führen durfte. Schon auf der Schule hatte es mich bewegt, wenn ich Einblick in traurige Familienverhältnisse von Klassenkameraden gewann und die geradezu idealen, in denen wir Kinder des Pfarrhauses zu Günsbach lebten, damit verglich. Auf der Universität mußte ich in meinem Glücke, studieren zu dürfen und in Wissenschaft und Kunst etwas leisten zu können, immer an die denken, denen materielle Umstände oder die Gesundheit solches nicht erlaubten. An einem strahlenden Sommermorgen, als ich – es war im Jahre 1896 – in Pfingstferien zu Günsbach erwachte, überfiel mich der Gedanke, daß ich dieses Glück nicht als etwas Selbstverständliches hinnehmen dürfe, sondern etwas dafür geben müsse. Indem ich mich mit ihm auseinandersetzte, wurde ich, bevor ich aufstand, in ruhigem Überlegen, während draußen die Vögel sangen, mit mir selber dahin eins, daß ich mich bis zu meinem dreißigsten Lebensjahr für berechtigt halten wollte, der Wissenschaft

Albert Schweitzer im Urwaldkrankenhaus

und der Kunst zu leben, um mich von da an einem unmittelbaren menschlichen Dienen zu weihen. Gar viel hatte mich beschäftigt, welche Bedeutung dem Worte Jesu, „Wer sein Leben will behalten, der wird es verlieren, und wer sein Leben verliert um meinet- und des Evangeliums willen, der wird es behalten", für mich zukomme. Jetzt war sie gefunden. Zu dem äußeren Glücke besaß ich nun das innerliche.

Albert Schweitzer

3.4.2 Martin Luther King: Gedanken über den eigenen Tod

Hin und wieder, so vermute ich, denken wir alle realistisch nach über jenen Tag, an dem wir das Opfer werden jenes letzten gemeinsamen Nenners des Lebens – jenes Etwas, das wir Tod nennen. Wir alle denken darüber nach. Und hin und wieder denke ich auch an meinen Tod, und ich denke an meine Beerdigung. Ich denke daran nicht in einer krankhaften Weise. Hin und wieder frage ich mich selbst: „Was sollte – wenn es nach mir geht – dann gesagt werden?" Ich will euch heute morgen darüber Auskunft geben.

Wenn einige von euch dabei sind, wenn mein Tag kommt: ich möchte keine lange Beerdigung. Und wenn ihr jemanden die Grabrede halten laßt, sagt, sie sollen nicht zu lange reden. Hin und wieder frage ich mich, was sie nach meinem Wunsch sagen sollten. Sagt ihnen, sie sollen nicht erwähnen, daß ich den Friedensnobelpreis erhielt. Das ist nicht wichtig. Sagt ihnen, sie sollen nicht erwähnen, daß ich 300 oder 400 Auszeichnungen habe. Das ist nicht wichtig. Sagt ihnen, sie sollen nicht erwähnen, wo ich zur Schule ging.

Ich möchte, daß jemand an jenem Tag sagt: „Martin Luther King, Jr., versuchte mit seinem Leben anderen zu dienen." Ich möchte, daß jemand an jenem Tag sagt: „Martin Luther King versuchte, Liebe zu üben." Ich möchte, daß ihr an jenem Tag sagt, daß ich versuchte, in der Kriegsfrage auf der richtigen Seite zu stehen. Ich möchte, daß ihr an jenem Tag sagen könnt, daß ich versuchte die Hungrigen zu speisen. Und ich möchte, daß ihr an jenem Tag sagen könnt, ich

Martin Luther King (Mitte) an der Spitze einer Demonstrationszuges in Montgomery (Alabama) im März 1965

uchte in meinem Leben, die Nackten ... eiden. Ich möchte, daß ihr an jenem ... sagt, ich versuchte in meinem Leben die im Gefängnis zu besuchen. Ich ... te, daß ihr sagt, ich versuchte, die ... schheit zu lieben und ihr zu dienen. ... enn ihr sagen wollt, daß ich wie ein ... bourmajor vorausging, dann sagt, ... ich ein Tambourmajor für Gerechtigkeit war; daß ich ein Tambourmajor für Frieden war, daß ich ein Tambourmajor für Rechtschaffenheit war. Und all die anderen unwichtigen Dinge werden keine Rolle spielen. Ich werde kein Geld hinterlassen. Ich werde keine vornehmen und luxuriösen Dinge hinterlassen. Ich möchte nur ein hingebungsvolles Leben hinterlassen.

Und das ist alles, was ich sagen möchte. Wenn ich jemand helfen kann auf meinem Weg, wenn ich jemand aufmuntern kann, mit einem Wort oder einem Lied, wenn ich jemand zeigen kann, daß er in die falsche Richtung geht, dann wird mein Leben nicht vergeblich sein. Wenn ich meine Pflicht als Christ tun kann, wenn ich Erlösung für eine einst aufgewühlte Welt bringen kann, wenn ich die Botschaft wie der Herr ausbreiten kann, dann wird mein Leben nicht vergeblich sein.

Ja, Jesus, ich möchte an deiner rechten oder linken Seite sein, nicht aus selbstsüchtigen Motiven. Ich möchte an deiner rechten oder linken Seite sein, nicht wegen eines politischen Königreiches oder aus Ehrgeiz. Nein, ich möchte dort einfach sein in Liebe und in Gerechtigkeit, in Wahrheit und in der Verpflichtung gegenüber den anderen, damit wir aus dieser alten Welt eine neue Welt schaffen können. *Martin Luther King*

A: Informiert euch über die Lebensumstände von Albert Schweitzer und Martin Luther King. Formuliert anhand der Texte die wichtigsten Lebensgrundsätze beider Persönlichkeiten. Welche Aussagen sind euch vertraut, welche erscheinen euch fremd? Was könnte für euch ein Lebensziel sein, nach dem ihr im Alltag leben könntet?

3.5 Antwort auf die Sinnfrage – weltanschaulich

3.5.1 Antworten der Philosophie

In der Philosophie findet die Frage nach dem Sinn des Lebens die unterschiedlichsten Antworten. Eine extreme Sichtweise wird im Nihilismus vertreten.

Nihilismus „Es ist nichts; wenn etwas wäre, könnten wir es doch nicht erkennen; könnten wir es erkennen, so doch nicht mitteilen." Dieser Satz des im 5./4. Jh. v. Chr. lebenden griechischen Philosophen Gorgias beschreibt den Nihilismus umfassend. Der Nihilismus ist eine philosophische Lehre, welche die theoretische oder praktische Erkenntnis prinzipiell verneint oder auch die Existenz von Seiendem überhaupt leugnet.

Heutzutage versteht man unter Nihilismus besonders den von Friedrich Nietzsche beschriebenen moralischen Nihilismus, der in einer vollkommenen Ratlosigkeit vor der Frage nach Sinn und Ziel des Lebens und nach den höchsten Werten des Verhaltens besteht.

Georg Bubolz

Vereinsamt (1884)

Die Krähen schrein
Und ziehen schwirren Flugs zur Stadt:
Bald wird es schnein –
Wohl dem, der jetzt noch – Heimat hat!

Nun stehst du starr,
Schaust rückwärts, ach! wie lange [schon!]
Was bist du Narr
Vor Winters in die Welt – entflohn?

Die Welt ein Tor
Zu tausend Wüsten stumm und kalt!
Wer das verlor,
Was du verlorst, macht nirgends halt.

Nun stehst du bleich,
Zur Winter-Wanderschaft verflucht,
Dem Rauche gleich,
Der stets nach kältern Himmeln sucht.

Flieg, Vogel, schnarr
Dein Lied im Wüsten-Vogel-Ton! –
Versteck, du Narr,
Dein blutend Herz in Eis und Hohn!

Die Krähen schrein
Und ziehen schwirren Flugs zur Stadt:
Bald wird es schnein
Weh dem, der keine Heimat hat!

Friedrich Nietzsche

A1: Welche Erfahrung könnte die in dem Gedicht von Nietzsche angesprochene Person gemacht haben? Wie könnte es mit ihr weitergehen?
A2: Deutet die Jahreszeiten-Symbolik des Gedichts.
P: Sammelt Fotos, die zu den lyrischen Bildern passen – oder fotografiert selbst geeignete Motive.

Wenn ich mich getötet haben werde

Die Autorin dieses Textes, Hertha Kräftner, war eine junge Dichterin, die im Alter von 23 Jahren ihrem Leben selbst ein Ende setzte.

Wenn ich mich getötet haben werde, können die anderen voraussichtlich eine Menge Mutmaßungen, Verdachte, Motive und Interpretationen angeben. Am häufigsten wird man wohl davon sprechen, daß die unangenehmen Situationen, in die die meisten Menschen geraten, nur neurotischen oder gar psychopathischen Persönlichkeiten unerträglich werden. Ferner wird die Annahme berechtigt sein, daß ein hysterischer Selbstmordversuch unabsichtlich ein unglückliches Ende nahm. Noch weiter werden jene gehen, die – da sie sowohl meine Lebenshaltung als auch meine Schreibweise als traurige kennen – meine Tat als Konsequenz einer Psychose werten werden; die Melancholie endet sehr oft mit Selbstmord; das ist vielen bekannt.

Neben diesen Deutungen, die sich alle auf die Annahme einer krankhaften Veranlagung stützen, wird es jene geben, die ein schockhaftes Erlebnis als Ursache angeben. Ihnen zufolge könnte der Tod eines Nahestehenden, eine Untreue des Geliebten, der Bruch eines langjährigen Verhältnisses, Streit in der Familie oder dergleichen mehr die Veranlassung zur Tat gewesen sein. Niemand wird etwas Genaues wissen, aber alle werden von der Richtigkeit ihrer Annahme überzeugt sein.

Die dritte Kategorie der Beurteilenden

aber wird meinen Tod als völlig ursachlos empfinden, denn ihre Argumente heißen: Dieses Mädchen stand am Anfang ihres Lebens, sie war weder gefährlich krank, noch häßlich oder verunstaltet; sie war gescheit und gebildet, ihr Professor nannte sie fähig und namhafte Literaten fanden sie begabt. Sie hatte bereits schriftstellerische Erfolge. Wo immer sie hinkam, war sie den Leuten sympathisch, sie konnte sich ihren Mitmenschen anpassen. Sie hatte einen Freund, der sie liebte, wenn sie aber neben ihm nicht glücklich war, so hatte sie Gelegenheit genug, einen anderen zu wählen. Sie hatte eine sorgende Familie und bekam nicht nur, was sie brauchte, sondern auch was sie sich wünschte. Hatte dieses Mädchen also Grund, sich zu töten? Nein, antworten die Philister. Das dürften im großen und ganzen die Linien sein, innerhalb derer – natürlich mit einigen Abweichungen – die Interpretationen sich bewegen werden. Aber ich bin überzeugt, daß es keinen geben wird, dessen Trauer um mich so groß ist, daß die Frage nach dem Motiv in seinem Herzen keinen Platz findet.

Was die Auswirkung meines Selbstmordes auf fremde Gemüter betrifft, so werden es die meisten bedauern und einige darüber trauern. Sollte jemand in Verzweiflung geraten, so ist der sichere Trost gegeben, daß er früher oder später – eher früher – darüber hinwegkommt. Ich bin sicher, daß man oft – vor allem unter den Kommentatoren erster Kategorie – den Satz hören wird: Das Kranke muß absterben, das ist ein biologisches Gesetz. Ob wohl unter den vielen Leuten, die mich kennen, sich einer den stillen Vorwurf machen wird, daß man mir hätte helfen können? Er wird bald einsehen, daß er sich den Vorwurf ersparen kann, denn es war schließlich nicht seine Schuld, daß ich meine gefährdete Situation nicht deutlich genug zeigte.

Wenn es möglich wäre, mich nach meinem Tod um die Ursache zu fragen, so müßte ich antworten, daß ich durchaus geneigt sei, mich einer der oben dargestellten Theorien anzuschließen, sofern sie nur überzeugend genug vorgebracht wird. Die wirkliche Ursache, warum der Tod einen trifft, zu wissen, ist niemals möglich; wirklich und ausschlaggebend ist nur, daß der Tod auch nach Teheran kommt.

Hertha Kräftner

Zur Erläuterung: Der letzte Satz des Prosatextes bezieht sich auf eine orientalische Legende: Der Bedienstete eines hohen Herrschers in Bagdad kam eines Morgens ganz aufgeregt vom Garten in den Palast gelaufen und bat seinen Herren um dessen schnellstes Pferd. Er berichtete, er habe soeben den Tod draußen gesehen, der ihm gedroht hätte, und deshalb wolle er sich schleunigst nach Teheran in Sicherheit bringen. Der Herr gewährte ihm die Bitte und ging wenig später selbst in den Garten, wo er ebenfalls dem Tod begegnete.
„Warum hast du meinen Diener so erschreckt und ihm gedroht?" fragte er.
Da antwortete der Tod: „Ich habe ihm nicht gedroht; ich habe nur meiner Verwunderung Ausdruck gegeben, ihn hier in Bagdad zu finden, wo ich doch den Auftrag habe, ihn heute abend in Teheran zu holen."

A: Warum bezieht sich Hertha Kräftner auf diese Geschichte? Was kann mit einem Menschen geschehen, der die Suche nach dem Lebenssinn aufgibt?

3.5.2 Die großen Religionen antworten auf die Sinnfrage

A: Ermittelt anhand der Quellen, welche Antworten die großen Weltreligionen auf die Sinnfrage anbieten. Erstellt eine Tabelle. Sprecht über die Antworten.

Jesus in der Bergpredigt: Die Seligpreisungen

5 Als er aber das Volk sah, ging er auf einen Berg und setzte sich; und seine Jünger traten zu ihm. ²Und er tat seinen Mund auf, lehrte sie und sprach: ³Selig sind, die da geistlich arm sind; denn ihrer ist das Himmelreich. ⁴Selig sind, die da Leid tragen; denn sie sollen getröstet werden. ⁵Selig sind die Sanftmütigen; denn sie werden das Erdreich besitzen. ⁶Selig sind, die da hungert und dürstet nach der Gerechtigkeit; denn sie sollen satt werden. ⁷Selig sind die Barmherzigen; denn sie werden Barmherzigkeit erlangen. ⁸Selig sind, die reinen Herzens sind; denn sie werden Gott schauen. ⁹Selig sind die Friedfertigen; denn sie werden Gottes Kinder heißen. ¹⁰Selig sind, die um der Gerechtigkeit willen verfolgt werden; denn ihrer ist das Himmelreich.

Matthäus 5, 1–10

Der Koran

[1] Im Namen Allahs, des Allbarmherzigen, [2] Alif Lam Mim. [3] Dieses Buch – es ist vollkommen, nichts ist zu bezweifeln – ist eine Richtschnur für die Frommen, [4] die auch an das geheimnisvoll Unbeweisbare (an das Unsichtbare) glauben, das Gebet verrichten, von dem, was wir ihnen huldvoll verliehen haben, Almosen geben [5] und an das glauben, was wir dir offenbarten, auch an das, was vor dir offenbart wurde, und die auf das Jenseits fest vertrauen. [6] Sie folgen der Führung ihres Herrn, ihnen wird es wohl ergehen. [7] Den Ungläubigen aber (für sie) ist es gleich, ob du sie mahnend warnst oder nicht: Sie bleiben ungläubig. [8] Allah hat ihnen Herz und Ohr verschlossen, ihre Augen verhüllt – harte Strafe wartet ihrer.

[152] Sprich: „Kommt heran, ich will euch vorlesen, was euch geboten und verboten ist: Ihr sollt keine Götzen neben ihm haben; eueren Eltern sollt ihr Gutes tun; ihr sollt euere Kinder nicht aus Furcht vor Armut töten, denn wir wollen schon für euch und für sie Sorge tragen; ihr sollt euch nicht den schändlichen Verbrechen nähern, weder öffentlich noch geheim. Ihr sollt nach göttlichem Verbot keinen töten, da Allah das Leben unverletzlich machte, außer wenn es die Gerechtigkeit fordert; dies hat euch Allah geboten. Ob ihr diese Lehre begreift? [153] Kommt auch dem Vermögen der Waisen nicht zu nahe, ihr müßt es denn vergrößern wollen, bis sie mündig geworden sind. Gebrauchet nur richtiges Maß und richtige Waage. Wir legen einer Seele nicht mehr auf, als sie zu tragen vermag. In euren richterlichen Urteilssprüchen seid gerecht, seid es auch gegen euere nächsten Verwandten, und haltet treulich am Bündnis Allahs fest. Dies hat Allah geboten, mögt ihr dessen eingedenk sein." [154] Das ist mein richtiger Weg, spricht Allah, folgt

Muslime beim Gebet

diesem und nicht dem Weg anderer, damit ihr euch nicht vom Weg Allahs trennt. Dies hat Allah euch befohlen, damit ihr ihn ehrfürchtet.

Im Hinduismus

Je nachdem einer nun besteht aus diesem oder jenem, je nachdem er handelt, je nachdem er wandelt, danach wird er geboren; wer Gutes tat, wird als Guter geboren, wer Böses tat, wird als Böser geboren, heilig wird er durch heiliges Werk, böse durch böses. Darum, fürwahr, heißt es: „Der Mensch ist ganz und gar gebildet aus Begierde (Kâma); Je nachdem seine Begierde ist, danach ist seine Einsicht (Kratu), je nachdem seine Einsicht ist, danach tut er das Werk (Karman), je nachdem er das Werk tut, danach ergehet es ihm. So steht es mit dem Verlangenden".
Nunmehr von dem Nichtverlangenden. Wer ohne Verlangen, frei von Verlangen, gestilltes Verlangen, selbst sein Verlangen ist, dessen Lebensgeister ziehen nicht aus; sondern Brahman ist er, und in Brahman geht er auf. Darüber dieser Vers:

Wenn alle Leidenschaft verschwunden,
Die in des Menschen Herzen nistend schleicht,
Dann hat der Sterbliche Unsterblichkeit gefunden,
Dann hat das Brahman er erreicht.

Wie eine Schlangenhaut tot und abgeworfen auf einem Ameisenhaufen liegt, also liegt dann dieser Körper; aber das Körperlose, das Unsterbliche, das Leben ist lauter Brahman, ist lauter Licht.

Aus den Upanishaden, einer klassischen Textsammlung des Hinduismus; entstanden seit dem 8. Jahrhundert v. Chr.

Buddha

So lehrte Buddha

Dies ist die edle *Wahrheit* vom Leiden: Geburt ist leidvoll, Altern ist leidvoll, Krankheit ist leidvoll, Sterben ist leidvoll. Mit Unlieben vereint zu sein, ist leidvoll, von Lieben getrennt zu sein, ist leidvoll, und wenn man etwas, das man sich wünscht, nicht erlangt, auch das ist leidvoll – kurz, die fünf „Gruppen" von Daseinsfaktoren, die durch den Lebenshang bedingt sind, sind leidvoll.

Dies ist die edle Wahrheit von der *Entstehung* des Leidens. Es ist der Durst (Gier), der die Wiedergeburt hervorruft, der von Freude und Leidenschaft begleitet ist, der hier und dort seine Freude findet, der Durst nach Sinnenlust, der

Durst nach Werden, der Durst nach Entwerden.

Dies ist die edle Wahrheit von der *Aufhebung* des Leidens: Es ist eben dieses Durstes Aufhebung durch völlige Leidenschaftslosigkeit, das Aufgeben, Sich-Entäußern, Sich-Loslösen, Sich-Befreien von ihm.

Dies ist die edle Wahrheit von dem zur Aufhebung des Leidens führenden *Wege*.

Es ist dieser edle achtgliedrige Pfad, nämlich: rechte Anschauung, rechte Gesinnung, rechtes Reden, rechtes Handeln, rechtes Leben, rechtes Streben, rechtes Überdenken, rechtes Sich-Versenken.

Wenn ein Mann, der in eine Frau verliebt ist, heftig nach ihr verlangt, sie bei einem anderen Manne stehen sieht, mit dem sie plaudert, scherzt und lacht, muß ihm das nicht sehr schmerzlich sein und ihn zur Verzweiflung treiben? – „Ja, Herr! Weil dieser Mann in die Frau verliebt ist, muß es ihn zur Verzweiflung treiben." – Wenn aber dieser Mann überlegt, ob es nicht besser sei, das leidenschaftliche Verlangen nach dieser Frau aufzugeben, und wenn er dann wirklich das Verlangen nach ihr aufgibt, wird es ihn dann immer noch zur Verzweiflung treiben, wenn er sie bei einem andern Manne stehen sieht, mit dem sie plaudert, scherzt und lacht? – „Nein, Herr! Denn seine Leidenschaft ist ja vergangen, darum wird es ihn nicht mehr zur Verzweiflung treiben." – Ebenso verschwindet das Übel, wenn man gegenüber der Quelle des Übels Gleichmut bewahrt. Solche Mühe und Anstrengung ist fruchtbar.

3.6 Schicksal – Erfahrungen, in denen man die Sinnfrage neu stellen muß

Am Anfang dieses Kapitels hat sich jeder von euch vielleicht der Aufgabe gestellt, seine „Lebensreise" – so wie er sie vor sich sieht – zeichnerisch zu gestalten.
Überlege nun anhand der folgenden Fragen, wie sich die Sinndeutung in deinem Leben ändern würde,
... wenn du von einem entfernten Verwandten plötzlich 500 000 Mark erbst.
... wenn du durch einen Unfall dein weiteres Leben lang an einen Rollstuhl gefesselt bist.
... wenn deine Eltern sich entschließen, nach Südamerika zu gehen und ihr Leben der Hilfe für Slumbewohner widmen.
... wenn durch Zufall eine große Begabung auf sportlichem oder künstlerischem Gebiet bei dir entdeckt wird.
... wenn du erfährst, daß du Vater bzw. Mutter wirst.
... wenn dein bester Freund/deine beste Freundin Selbstmord begeht.
... wenn durch ein Verbrechen oder durch Krieg deine Familie ausgelöscht und dein Zuhause zerstört wird.

A: Ihr könnt die Fragen auch einzeln auf Karteikarten schreiben und weitere ergänzen. Jeder zieht reihum eine Karte und beantwortet die Frage. Die Mitschüler nehmen zu den Antworten Stellung.

4 GEWISSEN UND VERANTWORTUNG

A: Beschreibt die beiden Hände. Zu welchen Menschen gehören sie wohl? Wie könnten diese Menschen zueinander stehen? Was mögen sie im Augenblick wohl denken und empfinden?

4.1 Sicheres und unsicheres Gewissen

Ein Stück Brot

Eines Abends – immer gerade dann, wenn es die armen Leute am allerwenigsten erwarten – brachte es das Schicksal mit sich, daß ein Gendarm ins Dorf kam und die amtliche Mitteilung überbrachte, es sei ein neuer Krieg ausgebrochen, alle Wehrfähigen müßten einrücken. Für die Armen sind Kriege dasselbe wie Erdbeben: niemand weiß, wann oder wie sie überhaupt entstehen. Und da das eine Angelegenheit des Schicksals ist, haben Proteste ja doch keinen Sinn. Für die alte Caterina war es nun selbstverständlich, daß sie die Arbeit ihres Sohnes im Steinbruch übernahm, auch wenn das niemals eine Arbeit für Frauenhände gewesen sein mochte. Aber sie konnte sich nicht mit dem Gedanken abfinden, daß die bescheidene Sparquelle für die Heirat ihres Sohnes nun plötzlich versiegen sollte, und sie stritt sich so lange und hartnäckig mit ihrem Bruder, bis er schließlich einwilligte.

Es war wirklich sonderbar, wie ihr Dasein das erste Mal zur Kenntnis der Behörde kam. Caterina und Cosimo saßen an der Türschwelle mit der Schüssel auf den Knien und löffelten ihre Suppe, die übliche Abendmahlzeit, als ein Gendarm erschien.

„Da hast du dir was Schönes eingebrockt", sagte er ohne Umschweife. „Als du heute nachmittag durch den Wald gingst, kam ein Fremder auf dich zu."

„Ja, das stimmt. Warum soll ich das denn abstreiten?", meinte Caterina. „Ist das verboten?"

„Und weiter. Du hast ihm ein Stück Brot gegeben", fuhr der Gendarm fort.

„Na, das ist doch keine Sünde, soviel ich weiß", erklärte die Frau ganz erstaunt.

„Hast du denn nicht gemerkt", fuhr der Gendarm fort, „daß der Mann ein feindlicher Soldat war?"

„Ein Feind? Was meint er denn damit?" fragte die Frau ihren Bruder mit wachsender Neugier. „Entschuldige einmal", wandte sie sich an den Gendarmen. „Wessen Feind soll er denn sein?"

„Na, unser Feind", erwiderte der Gendarm, der anfing, zornig zu werden. „Auch dein Feind."

„Mein Feind?" sagte die Frau ganz verwirrt. „Bis auf den heutigen Tag habe ich den armen Jungen niemals gesehen, und ich werde ihn wahrscheinlich auch niemals wieder zu sehen kriegen. Und außerdem, weißt du, ich habe gar keine Zeit für Feinde."

Sicheres und unsicheres Gewissen

„Ich will eine Antwort", entgegnete der Gendarm mit erhobener Stimme. „Warum hast du dem Mann dein Brot gegeben?"

„Weil er Hunger hatte", sagte die Frau und wandte sich ihrem Bruder zu. „Und auch er", sagte sie weiter zu dem Gendarmen, „ist der Sohn einer Mutter, genausogut wie du. Hättest du bloß gesehen, wie hungrig er war, als er in das armselige Stück Brot hineinbiß."

„Mit anderen Worten, du gibst die Tat also zu", schloß der Gendarm verdrossen.

„Das einzige, was ich fest glaube", sagte die Frau, „ist: Tue nichts Böses und du brauchst nichts zu befürchten."

Aber plötzlich wurde sie von ihrem Bruder unterbrochen. Es war gerade so, als habe ein Stummer auf einmal seine Sprache wiedergefunden. „Wir geben nichts zu", erklärte er voll Zorn. „Überhaupt nichts. Wir sind müde und wollen jetzt schlafen gehen."

Der Gendarm dachte einen Augenblick nach und sagte dann: „Es tut mir leid, aber die Sache ist nun einmal geschehen, und ich muß darüber einen Bericht schreiben."

Letzten Endes kann der Gendarm kein schlechter Kerl gewesen sein, denn eine ganze Zeit lang ließ er sich nicht wieder blicken. Caterina ihrerseits hatte so viele andere Sorgen, daß sie nach einiger Zeit überhaupt nicht mehr an die seltsame Begegnung und an die absonderliche Denkweise der Leute von den Behörden dachte.

Aber ein paar Monate später – und zwar auch gerade, als Caterina mit ihrem Bruder auf der Türschwelle ihres Häuschens saß und die Abendsuppe löffelte – tauchte der Gendarm wieder auf.

„Weißt du", sagte er mit einem Lachen zu Caterina, „in der Zwischenzeit haben sich einige Dinge geändert, und die Sache, die man dir vorgeworfen hatte, ist kein strafbares Vergehen mehr – ganz im Gegenteil."

„Was ist denn anders geworden?" brauste der Bruder auf. „Nichts, überhaupt nichts. Die Steine sind immer noch hart, und der Regen ist immer noch naß."

„In der Stadt haben sich die Dinge geändert."

„Wir lesen keine Zeitung", antwortete Caterina bedächtig. „Wir sind arme Leute und kümmern uns nur um unsere eigenen Angelegenheiten."

„Die Dinge sind anders geworden", wiederholte der Gendarm mit Nachdruck. „Die früher unsere Feinde waren, sind jetzt unsere Verbündeten. Und die unsere Verbündeten waren, sind jetzt unsere Feinde. Was also noch vor ein paar Monaten eine strafbare Handlung war – ist jetzt …"

„Entschuldige einmal", unterbrach ihn Caterina. „Meinst du wirklich, daß es sich lohnt, noch von dem armseligen Stück Brot zu sprechen. Warum willst du denn durchaus meinen Seelenfrieden wegen einer so gewöhnlichen Sache stören und mich durcheinanderbringen?"

„Entschuldige einmal – ganz im Gegenteil", erwiderte der Gendarm. „Du verdienst eine Belohnung, ein Diplom, eine Medaille. Ich rate dir, mach ein Gesuch bei der obersten Behörde. Ich kann dir nur immer wiederholen – die Dinge haben sich inzwischen geändert und der Unterschied zwischen Gut und Böse hat sich auch geändert."

„Mein Gott", sagte Caterina mitleidsvoll, „meinst du wirklich, daß sich Gutes und Böses ändern können?"

Ignazio Silone

A1: Caterina ist der Meinung, daß Gutes und Böses sich nicht ändern. Könnt ihr diese Meinung teilen?
A2: Warum ist Caterina in ihrem Gewissensurteil so sicher?
A3: Könnt ihr aus eurer eigenen Erfahrung von Situationen berichten, in denen euer Gewissensurteil ganz sicher war, und anderen, in denen ihr nicht wußtet, was gut oder nicht gut ist? Warum wart ihr in der einen Situation ganz sicher, in einer anderen völlig unsicher?

4.2 Gewissen: ja – Gewissen: nein!

4.2.1 Meinungen

Das gute Gewissen ist
eine Erfindung
des Teufels.
Albert Schweitzer

Das Gewissen ist
die verborgenste Mitte und das Heiligtum im Menschen,
wo er allein ist mit Gott,
dessen Stimme in diesem seinem Innersten zu hören ist.
Im Gewissen erkennt man in wunderbarer Weise
jenes Gesetz,
das in der Liebe zu Gott und dem Nächsten seine Erfüllung hat.
Zweites Vatikanisches Konzil

Niemals tut man derart vollständig und heiter das Böse, als wenn man es mit gutem Gewissen tut.
Blaise Pascal

Kleine Trommel.
Ausdruck aus Sumatra

Ein Gottesspruch,
der in jedem Körper ist.
Altägyptischer Ausdruck

Das Gewissen ist
die tiefste Erkrankung des Menschen:
deshalb weg
mit dem Wahn von Schuld und Gewissen.
Friedrich Nietzsche

Ein gutes Gewissen ist
ein sanftes Ruhekissen.
Sprichwort

A1: Welche Sicht von Gewissen wird jeweils deutlich? Welcher stimmt ihr zu, welcher nicht?
A2: Sammelt weitere Aussprüche oder Redensarten zum Thema Gewissen.
A3: Versucht selbst, in einem Satz zu sagen, was Gewissen für euch ist.

4.2.2 Gewissenlos? Gewissenhaft?

Zu spät, zu weit weg ...

Albert Camus berichtet:

In einer Nacht im November, (...) kehrte ich über den Pont Royal aufs linke Seine-Ufer nach Hause zurück. Es war eine Stunde über Mitternacht; ein feiner Regen fiel, ein Nieseln vielmehr, das die einzelnen Fußgänger verscheuchte. (...)

Michelangelo Buonarroti hat dieses Bild in der Sixtinischen Kapelle des Vatikan gemalt. Es stellt einen Ausschnitt aus dem Jüngsten Gericht dar.

Auf der Brücke erblickte ich eine Gestalt, die sich über das Geländer neigte und den Fluß zu betrachten schien. Beim Näherkommen gewahrte ich, daß es eine schlanke, schwarzgekleidete junge Frau war. Zwischen dem dunklen Haar und dem Mantelkragen war ein frischer, regennasser Nacken sichtbar, der mich nicht gleichgültig ließ. Eine Sekunde lang zögerte ich, dann setzte ich meinen Weg fort. Auf dem anderen Ufer schlug ich die Richtung zum Platz Saint-Michel ein, wo ich wohnte. Ich hatte schon etwa fünfzig Meter zurückgelegt, als ich das Aufklatschen eines Körpers auf dem Wasser hörte; in der nächtlichen Stille kam mir das Geräusch trotz der Entfernung ungeheuerlich laut vor. Ich blieb jäh stehen, wandte mich jedoch nicht um. Beinahe gleichzeitig vernahm ich einen mehrfach wiederholten Schrei, der flußabwärts trieb und dann plötzlich verstummte. In der unvermittelt erstarrten Nacht erschien mir die zurückgekehrte Stille endlos. Ich wollte laufen und rührte mich nicht. Ich glaube, daß ich vor Kälte und Fassungslosigkeit zitterte. Ich sagte mir, daß Eile not tat, und fühlte, wie eine unwiderstehliche Schwäche meinen Körper überfiel. Ich habe vergessen, was ich in jenem Augenblick dachte. „Zu spät, zu weit weg ..." oder etwas Derartiges. Regungslos lauschte ich immer noch. Dann entfernte ich mich zögernden Schrittes im Regen. Ich benachrichtigte niemand.

Drei Jahre nach dieser Begebenheit befand er sich wieder auf einer Seine-Brücke, um den Fluß zu betrachten. Zweimal vermeinte er hinter seinem Rücken ein Lachen zu hören, zuletzt „in etwas größerer Entfernung, als treibe es den Fluß hinunter". Er konnte aber, trotz allen Bemühens, nichts erblicken.

Allmählich verklang das Lachen; indessen vernahm ich es noch deutlich hinter mir, es kam aus dem Nichts oder vielleicht aus dem Wasser. Gleichzeitig wurde mir das heftige Klopfen meines Herzens bewußt. Verstehen Sie mich recht: das Lachen hatte nichts Geheimnisvolles an sich: es war ein herzliches, natürliches, beinahe freundliches Lachen, das alle Dinge an ihren Platz rückte. Übrigens hörte ich bald nichts mehr.

Ein paar Tage lang dachte er noch an das Lachen, dann vergaß er es. Manchmal meinte er, er höre es in seinem Inneren. „Aber zumeist gelang es mir mühelos, an andere Dinge zu denken." In Zukunft allerdings mied er das Ufer der Seine.

Eine List?

Vor langer Zeit, da jemand, der Geld schuldig war, noch ins Gefängnis geworfen werden konnte, hatte ein Londoner Kaufmann das Unglück, bei einem Wucherer mit einer hohen Summe in der Kreide zu stehen. Der Geldverleiher, der alt und häßlich war, hatte es auf die junge schöne Tochter des Kaufmanns abgesehen. Also schlug er einen Handel vor: Er sagte, er würde dem Kaufmann die Schuld erlassen, wenn er statt dessen das Mädchen bekäme.

Vater und Tochter waren entsetzt über diesen Antrag. Daraufhin riet der schlaue Wucherer, das Schicksal entscheiden zu lassen. Er erklärte den beiden, er würde einen schwarzen und einen weißen Kiesel in eine leere Geldkatze stecken, und dann müsse das Mädchen einen der Steine herausholen. Erwische sie den schwarzen Kiesel, würde sie seine Frau, und ihrem Vater sei die Schuld erlassen. Gerate ihr der weiße Kiesel in die Finger, bliebe sie bei ihrem Vater, und dieser brauche trotzdem nichts zurückzubezahlen. Weigere sie sich aber, einen Stein aus dem Beutel zu nehmen, so wandere ihr Vater ins Gefängnis, und sie würde verhungern.

Widerstrebend gab der Kaufmann seine Einwilligung. Sie standen, während sie dies besprachen, in seinem Garten auf einem kiesbestreuten Weg. Der Geldverleiher bückte sich, um die zwei Steine aufzuheben. Das Mädchen, das die Angst scharfsichtig gemacht hatte, bemerkte jedoch, daß er zwei schwarze Kiesel nahm und in die Geldkatze steckte. Und nun forderte sie der Wucherer auf, jenen Stein herauszuholen, der über ihr Los und das ihres Vaters bestimmen sollte …

Das Mädchen aus der Kieselgeschichte steckte die Hand in die Geldkatze und zog einen Stein heraus. Ohne ihn anzusehen, stellte sie sich ungeschickt und ließ ihn zu Boden fallen, wo er sich sofort unter all den anderen verlor.

„Oh, ich Tolpatsch", sagte sie. „Aber es macht ja nichts. Wenn Ihr in den Beutel seht, könnt Ihr an der Farbe des anderen Steins feststellen, welchen ich genommen habe.

Edward de Bono

Ein Gleichnis: Dreierlei Gewissen?

[29] Er [ein Gesetzeslehrer] aber wollte sich selbst ins Recht setzen und sagte zu Jesus: „Und wer ist mein Nächster?"

[30] Das griff Jesus auf und sagte: „Ein Mann ging von Jerusalem hinab nach Jericho. Da wurde er von Räubern über-

Ernst Barlach:
Der barmherzige Samariter

fallen. Die zogen ihn aus, schlugen ihn und machten sich davon und ließen ihn halbtot liegen. ³¹Nun kam zufällig ein Priester auf demselben Wege herab; der sah ihn und ging an ihm vorüber. ³² Ebenso ein Levit: Er kam zu der Stelle, sah ihn und ging vorbei. ³³ Ein reisender Samariter jedoch kam auch an ihm vorbei, der sah ihn und erbarmte sich, ³⁴ lief herzu, goß Öl und Wein auf seine Wunden und verband sie ihm; dann setzte er ihn auf sein Tier, brachte ihn zu einer Herberge und sorgte für ihn. ³⁵Am nächsten Morgen zog er zwei Silbermünzen heraus, gab sie dem Wirt und sagte: ‚Sorge für ihn. Und was du mehr brauchen solltest, will ich dir geben, wenn ich wieder zurückkomme.' ³⁶ Was meinst du: Wer von diesen Dreien ist dem zum Nächsten geworden, der von den Räubern überfallen war?" ³⁷ Er antwortete: „Der die Barmherzigkeit an ihm getan hat." Da sagte Jesus zu ihm: „So geh auch du hin und tue genauso!"
Lukas 10, 30–37

A1: Warum wirken die Erfahrungen, die Albert Camus auf der Seine-Brücke machte, so lange in ihm nach? Was geht in ihm vor, und wie geht er damit um?
A2: Habt ihr auch schon einmal erlebt, daß ein bestimmtes Geschehnis und euer Verhalten in einer bestimmten Situation euch lange beschäftigt haben?
A3: Wie verhält sich das Mädchen in der Kieselgeschichte? Handelt sie klug, um dem Guten zu seinem Recht zu verhelfen? Oder gebraucht sie eine List, um sich schadlos aus der Affäre zu ziehen? Oder betrügt sie?
A4: Vergleicht die Geschichte von dem Mann, der unter die Räuber fiel, mit der Erzählung von Camus. Denkt euch aus, mit welchen Worten der Priester und der Levit vor sich begründet haben könnten, warum sie vorbeigingen. Erzählt, was in beiden vorgegangen sein könnte, falls sie den gleichen Weg in umgekehrter Richtung wieder gehen mußten und an der Stelle, wo der Verwundete gelegen hatte, wieder vorbeikamen.
A5: Beschreibt das Bild eines Menschen aus dem „Jüngsten Gericht" von Michelangelo. Was könnte in dem Menschen vorgehen?

4.3 Was ist das Gewissen?

4.3.1 Ein Philosoph antwortet

Das Bewußtsein eines *inneren Gerichtshofes* im Menschen („vor welchem sich seine Gedanken einander verklagen oder entschuldigen") ist das Gewissen. Jeder Mensch hat Gewissen und findet sich durch einen inneren Richter beobachtet, bedroht und überhaupt in Respekt (mit Furcht verbundener Achtung) gehalten, und diese über die Gesetze in ihm wachsende Gewalt ist *nicht etwas, was er sich selbst (willkürlich) macht, sondern es ist seinem Wesen einverleibt.* Es folgt ihm wie sein Schatten, wenn er zu entfliehen gedenkt. Er kann sich zwar durch Lüste und Zerstreuungen betäuben oder in Schlaf bringen, aber nicht vermeiden, dann und wann zu sich selbst zu kommen oder zu erwachen, wo er alsbald die furchtbare Stimme desselben vernimmt. Er kann es in seiner äußersten Verworfenheit allenfalls dahin bringen, sich daran nicht mehr zu kehren, aber *sie zu hören, kann er nicht vermeiden.*

Immanuel Kant

Immanuel Kant. Stich von Meno Haas, 1799

Ein Ausweg

Ein Mensch, der spürt, wenn auch verschwommen,
Er müßte sich, genau genommen,
Im Grunde seines Herzens schämen
Zieht vor, es nicht genau zu nehmen.

Eugen Roth

A1: Gebt mit eigenen Worten wieder, was Kant unter Gewissen versteht.
A2: Wie empfindet ihr ein „schlechtes" Gewissen?
A3: Hat Eugen Roths Mensch möglicherweise, in bestimmten Fällen, recht, wenn er es mit dem schlechten Gewissen nicht zu genau nehmen will?
A4: Wie erfährst du dein eigenes Gewissen: vor einer Handlung und danach, als gutes oder öfter als schlechtes Gewissen, als ängstliches oder eher „großzügiges"?
A5: Wie weit soll man über sein eigenes Gewissen mit anderen sprechen? Gibt es Menschen, die ein Recht darauf haben, daß ich ihnen meine Gewissensregungen und -überlegungen mitteile? Gibt es Menschen, die auf keinen Fall ein solches Recht haben?

4.3.2 Plädoyer für das persönliche Gewissen

„Das Gewissen ist die Stimme Gottes in uns." „Das Gewissen ist ein innerer Kompaß." Das Gewissen sagt uns, was gut ist und was böse. Es sagt es uns mit Sicherheit. Ist das wirklich so?

Das Gewissen sagt offensichtlich nicht jedem dasselbe: Dem Bruder eines erschlagenen Beduinen befiehlt sein Gewissen, Blutrache zu üben. „Aug' um Auge, Zahn um Zahn!" sagt ihm die innere Stimme. Nur wenn er den Bruder gerächt hat, ist er wieder mit sich im Reinen, ist seine eigene Ehre auch vor der Sippe wiederhergestellt.

Unser Gewissen dagegen meldet sich anders. Sicher spüren auch wir in uns den Wunsch, dem anderen Gleiches mit Gleichem zu vergelten. Aber unser Gewissen – oder unsere Gesetze – hindern uns daran. Wir haben gelernt, das Richten den Gerichten zu überlassen und uns selbst im Vergeben zu üben.

Das Gewissen scheint in der einen Kultur dies, in der anderen jenes anzuraten: Blutrache in der einen, Verzicht auf Selbstjustiz und Vergebung in der anderen; Vielehe in der einen, Einehe in der anderen; Ehrfurcht vor der Heiligkeit der Natur in der einen, Beherrschung der Natur in der anderen.

Wir brauchen aber nicht nur Kulturen miteinander zu vergleichen: es gibt in unseren eigenen Gesellschaften Vorgänge, die über das Gewissen nachdenklich machen. Vor etwas mehr als 50 Jahren ging der Nationalsozialismus mit seinen Konzentrationslagern zu Ende, in ihnen taten die Mitglieder der Hitlerschen Schutzstaffeln (SS) ihren Dienst. In Eugen Kogons „Der SS-Staat" ist nachzulesen, daß „Bunkerwärter, die jede Grausamkeit verübten, Scharführer, die in Blut wateten" anschließend „nach Hause gingen, um brav und bieder mit ihren ahnungslosen Kindern zu

spielen". Und wenn sich doch in ihnen etwas gegen Grausamkeiten regte, dann nannten sie es den „inneren Schweinehund", den man überwinden müsse. „Notwendige Härte gegen andere" war erforderlich, Mitleid galt als „Humanitätsduselei" – eben als eine Regung des „inneren Schweinehundes", die unterdrückt werden mußte. Gehorsam war für viele oberste Gewissensnorm. (...)

Ist es nicht verständlich, wenn der Philosoph Max Horkheimer fragt: „Gibt es auch nur eine Schandtat, die nicht schon einmal mit gutem Gewissen begangen worden wäre?" Was ist also das Gewissen?

Das Gewissen als Stimme der Gesellschaft

Die Kinderpsychologin Helen Parkhurst berichtet: „Im Laufe meiner Interviews mit mehr als 5000 Jungen und Mädchen, über einen Zeitraum von zweieinhalb Jahren hinweg, fiel es mir wiederholt auf, daß Kinder die Worte ‚recht' und ‚unrecht' ohne Zögern auf Situationen anwendeten, an die sie kaum einen Gedanken verschwendeten. Wenn ich sie bat, mir diese Begriffe zu erklären, stellte ich fest, daß für sie diejenigen Dinge ‚unrecht' waren, von denen ihre Eltern gesagt hatten, sie sollten sie nicht tun, während ‚recht' das war, was sie angehalten worden waren zu tun." Mit anderen Worten, was die Kinder für ihr Gewissen hielten, entpuppte sich in Wirklichkeit als die Stimme ihrer Eltern, die sie häufig gehört und inzwischen sich zu eigen gemacht, *„verinnerlicht"* hatten.

Zu den Stimmen der Eltern kommen die der Lehrer und der Jugendleiter, der Stars, der Helden, der Politiker oder Pfarrer.

Unmerklich wird so die „Stimme der Gesellschaft" verinnerlicht – allerdings nicht nur, weil ihre Vertreter sympathisch sind, sondern auch, weil sie Drohungen und Strafen für die bereithalten, die nicht „schön in der Reihe bleiben" wollen (...). Das Gewissen wird zur Stimme des „Man", es entwickelt sich als *„autoritäres Gewissen"*, als „Ich-muß-Bewußtsein". Sigmund Freud hat dem Gewissen deshalb den Namen „*Über-Ich*" gegeben.

Von der Entfaltung des Gewissens

Das Gewissen ist beim einzelnen Menschen nicht von Anfang an da. Während der Kindheit und zu Beginn der Jugendzeit wird es geformt. Die Aufgabe des Heranwachsenden besteht nicht darin, das Gewissen abzuschaffen, sondern selbst die Verantwortung für die Weiterentwicklung des Gewissens zu übernehmen. Das soll erläutert werden.

Der gerade geborene Säugling ist weit davon entfernt, ein Gewissen zu haben. Er hat auch noch kein Ich-Bewußtsein. Er kann anfangs nicht einmal zwischen sich und seiner Umwelt unterscheiden. Aber er hat Empfindungen, zum Beispiel Bedürfnisse: daß Hunger und Durst gestillt werden, daß er sich warm und geborgen fühlt. Wird ein Bedürfnis nicht befriedigt, meldet er sich schreiend. Das Kleinstkind ist an seinen Bedürfnissen orientiert; es ist *trieborientiert*.

Bald aber setzt ein Lernprozeß ein. Das Kind nimmt seine Bezugsperson wahr. Es bemerkt, daß sie lächelnd und ernst aussehen können, daß sie belohnen können und strafen, weil sie sich bestimmte Dinge wünschen und andere nicht. Weil Strafe unangenehm, Belohnung aber angenehm ist, hält sich das Kleinkind an bestimmte Regeln. Zur Trieborientierung kommt die *Orientierung an Strafe und Belohnung*.

In der weiteren Entwicklung wird es für das Kind wichtig, sich im Einklang mit seiner Familie, seiner Gruppe, seinen Volksangehörigen zu befinden. Es möchte ihre Erwartungen erfüllen, um von ihnen akzeptiert zu sein. Zunächst ist diese Einstellung ganz auf Personen bezogen. Das Kind sucht für sich die Zustimmung des Vaters, der Mutter, der Lehrerin zu gewinnen. Der Psychologe L. Kohlberg spricht hier von der *„guter Junge – nettes Mädchen-Orientierung"*. Später werden die Regeln, an die sich die Erwachsenen halten und den Kindern beibringen, für die Kinder selbst wichtig. Die Regeln werden für das eigene Ich übernommen. Das Kind orientiert sich an *Recht und Ordnung*. Jetzt

hat es ein Gewissen. Es ist ein Autoritätsgewissen.
Wenn die Entwicklung des Bewußtseins auf dieser Stufe stehenbleibt, kann es von großem Nachteil für die Heranwachsenden sein. Sie können ängstlich werden, weil sie nicht immer alles erfüllen können, was die Gebote in ihnen fordern. Sie können hilflos werden, wenn sie in ganz neue Situationen kommen, auf die sich ihr starres Gewissen nicht einstellen kann. Vor allem sind sie nicht in der Lage, selbst zu beurteilen, ob eine Regel, ein Gesetz, eine Autorität nicht nur rechtmäßig, sondern auch gerecht und gut ist.
An Gestalten wie *Martin Luther King* wird deutlich, daß die Entwicklung des Gewissens weitergehen kann. Er hatte gelernt, daß Gesetze falsch sein können, weil er überzeugt war, daß er sie an Grundsätzen wie „Gerechtigkeit für alle" oder am Gebot der Liebe messen dürfe und müsse. Er konnte gegen Gesetze, die er als ungerecht erkannt hatte, protestieren und gewaltlosen Widerstand leisten. Er orientierte sich an einem Gewissen, das nicht mehr Autoritäts- oder Gesetzesgewissen, sondern sein *persönliches Gewissen* war. Für dieses Gewissen und seine Entscheidungen war er allein verantwortlich. Das ist das Ziel der Entwicklung des Gewissens: zu einem persönlichen, autonomen Gewissen zu kommen.

4.3.3 Wolfgang Dreysse: Heiliger Martin

Im Mittelpunkt der Plastik des Quedlinburger Bildhauers Wolfgang Dreysse steht die Gestalt des heiligen Martin. Dieser lebte im vierten Jahrhundert, gehörte der kaiserlichen Garde an und wurde später Bischof von Tours. Noch aus der Zeit vor seiner

Taufe ist die Begebenheit überliefert, die ihn überall bekannt gemacht hat: Als er einem Bettler begegnete, teilte er mit diesem seinen Mantel.

A1: Beschreibt die Plastik genauer. Wie hat der Bildhauer die Geschichte vom heiligen Martin in unsere Zeit übersetzt?
A2: Inwiefern wird die Legende ins Politische erweitert? Ist eine solche Deutung berechtigt?

4.3.4 Kriegsdienstverweigerer im nationalsozialistischen Deutschland

Am 2. März 1939 schrieb Hermann Stöhr, damals bereits arbeitsloser Doktor der Staatswissenschaften in Stettin, an das dortige Wehrbezirkskommando: „Den Dienst mit der Waffe muß ich aus Gewissensgründen ablehnen. Mir wie meinem Volk sagt Christus: ‚Wer das Schwert nimmt, soll durchs Schwert umkommen.' So halte ich die Waffenrüstungen meines Volkes nicht für einen Schutz, sondern für eine Gefahr. Was meinem Volk gefährlich und verderblich ist, daran vermag ich mich nicht zu beteiligen. Positives Christentum weist meines Erachtens den Völkern höhere Ziele, als sich in Kriegs-Rüstungen gegenseitig zu übertreffen und einen immer größeren Prozentsatz der nationalen Energie hierfür einzusetzen." (...)
Mit seiner Weigerung aus Gewissensgründen war sein Schicksal praktisch besiegelt. Bei Kriegsbeginn wurde Hermann Stöhr verhaftet und vor ein Kriegsgericht gestellt. (...)
Als konsequenter Pazifist wurde Stöhr vom Reichskriegsgericht zum Tod verurteilt und am 21. Juni 1940 in Berlin-Plötzensee enthauptet. (...)

Eberhard Röhm

A: Sammelt weitere Beispiele für gewissenhafte Standfestigkeit einerseits, aber auch für Mitläufertum andererseits.

4.4 Gewissensirrtum und Gewissensmißbrauch

Edvard Munch: Zuneigung

Ein Mensch im Gewissenskonflikt

(...) ein Beispiel aus dem täglichen Leben: Ein Partner verläßt den andern, nicht aus böser Absicht, sondern weil er vielleicht von einem anderen Menschen zutiefst betroffen ist und in der bisherigen Partnerschaft keine wirklichen Entwicklungschancen mehr sieht. Nun steht der verlassende Partner vor einem schweren Gewissenskonflikt. Er erkennt, daß seine Betroffenheit vom dritten Menschen nicht nur einer erotischen Anziehung entspricht – dies wäre denn doch zu mager –, sondern daß die neue Beziehung für ihn lebenswichtig ist, weil sie vieles Verschüttete in ihm aufrührt und zum Leben bringt und ihn überhaupt viel lebendiger macht, als er bisher war. Wenn er diese Entwicklungschance und die Liebe zu diesem Menschen abweist, macht er sich schuldig sich selber gegenüber. Ist er aber sich selber treu, indem er sich die Chance größerer Lebendigkeit gibt, fügt er dem ersten Partner meist unsägliche Schmerzen und seelische Verletzungen zu. Auch dadurch macht er sich schwer schuldig. Sogar gegenüber dem dritten Menschen macht er sich schuldig, wenn er die Liebe zu ihm und von ihm zurückweist aus Gewissensbissen. Er kann handeln, wie er will: Verschuldung ist so oder so da, und die entsprechenden Schuldgefühle sind völlig normal, ja gerade ihr Fehlen würde uns anormal erscheinen. Zu Recht würden wir dann von einem gewissenlosen Handeln und einem gewissenlosen Menschen sprechen.

Jürg Wunderli

Edvard Munch: Loslösung

Das Gesetz, der Befehl und das Gewissen

Eichmann hatte (...) reichlich Gelegenheit, sich wie Pontius Pilatus „bar jeder Schuld" zu fühlen, und wie die Monate und Jahre verstrichen, schwand sein Bedürfnis nach Gefühlen überhaupt. So und nicht anders waren die Dinge eben, erheischte es das Gesetz des Landes, gegründet auf den Befehl des Führers. Was er getan hatte, hatte er seinem eigenen Bewußtsein nach als gesetzestreuer Bürger getan. Er habe seine *Pflicht* getan, wie er im Polizeiverhör und vor Gericht unermündlich versicherte, er habe nicht nur *Befehlen* gehorcht, er habe auch das *Gesetz* befolgt. (...)
Ein erstes Anzeichen von Eichmanns vager Vorstellung, daß in dieser ganzen Angelegenheit mehr zur Diskussion stehen könnte als die Frage, ob der Soldat auch Befehlen gehorchen müsse, die ihrer Natur und ihrer Absicht nach eindeutig verbrecherisch sind, ergab sich während des Polizeiverhörs, als er plötzlich mit großem Nachdruck beteuerte, sein Leben lang den Moralvorschriften Kants gefolgt zu sein, und vor allem im Sinne des kantischen Pflichtbegriffs gehandelt zu haben. Das klang zunächst nur empörend und obendrein unverständlich, da Kants Morallehre so eng mit der menschlichen Fähigkeit zu urteilen, also dem Gegenteil von blindem Gehorsam, verbunden ist. Der verhörende Offizier hatte sich darauf nicht weiter eingelassen, doch Richter Raveh, ob nun aus Neugier oder aus Entrüstung über Eichmanns Versuch, im Zusammenhang mit seinen Untaten sich auf Kant zu berufen, entschloß sich, den Angeklagten hierüber zu befragen. Und zu jedermanns Überraschung konnte Eichmann eine ziemlich genaue Definition des kategorischen Imperativs vortragen: „Da verstand ich darunter, daß

Juden bei der Ankunft im Konzentrationslager Auschwitz-Birkenau

das Prinzip meines Strebens so sein muß, daß es jederzeit zum Prinzip einer allgemeinen Gesetzgebung erhoben werden könnte", was auf Diebstahl oder Mord z.B. nicht gut anzuwenden ist, da der Dieb oder Mörder unmöglich in einem Rechtssystem leben wollen kann, das anderen das Recht gibt, ihn zu bestehlen oder zu ermorden. Auf weitere Befragung fügte er hinzu, daß er Kants Kritik der praktischen Vernunft gelesen habe. Weiter erklärte er, daß er in dem Augenblick, als er mit den Maßnahmen zur „Endlösung" beauftragt wurde, aufgehört habe, nach kantischen Prinzipien zu leben, er habe das gewußt und habe sich mit den Gedanken getröstet, nicht länger „Herr über mich selbst" gewesen zu sein – „ändern konnte ich nichts". Was er dem Gericht darzulegen unterließ, war, daß er in jener „Zeit ... der von Staats wegen legalisierten Verbrechen", wie er sie jetzt selber nannte, die Kantische Formel nicht einfach als überholt beiseite getan hat, sondern daß er sie sich vielmehr so zurechtbog, bis sie ihm im Sinne von Hans Franks Neuformulierung „des kategorischen Imperativs im Dritten Reich", die Eichmann gekannt haben mag, befahl: „Handle so, daß der Führer, wenn er von deinem Handeln Kenntnis hätte, dieses Handeln billigen würde" („Die Technik des Staates", 1942, S. 15f.). (...)

Wie immer man Kants Einfluß auf die Entstehung der Mentalität „des kleinen Mannes" in Deutschland beurteilen mag, in einer Beziehung hat sich Eichmann ganz zweifellos wirklich an Kants Vorschrift gehalten: Gesetz war Gesetz, Ausnahmen durfte es nicht geben. In Jerusalem gab er zu, in zwei Fällen Ausnahmen gemacht zu haben – er hatte einer halbjüdischen Kusine geholfen und einem jüdischen Ehepaar aus Wien, für das sich sein Onkel verwendet hatte –, aber diese Inkonsequenz war ihm auch jetzt noch peinlich, und bei der Befragung im Kreuzverhör klang seine Erklärung, er habe diese Dinge seinen Vorgesetzten „erzählt, oder besser gesagt, gebeichtet", unverhohlen apologetisch. Diese kompromißlose Haltung bei der Verrichtung seiner mörderischen Pflichten belastete ihn natürlich in den Augen des Gerichts mehr als alles andere, vor sich selbst aber fühlte er sich gerade durch sie gerechtfertigt, und es ist kein Zweifel, daß das Bewußtsein, Ausnahmen nicht geduldet zu haben, in ihm, was immer an Gewissen bei ihm noch übriggeblieben sein mochte, zum Schweigen brachte. Keine Ausnahmen, keine Kompromisse – das war der Beweis dafür, daß er stets gegen die „Neigung" – Gefühle oder Interessen – der Pflicht gefolgt war. (...)

Eichmann (...) besaß wenigstens eine schattenhafte Vorstellung davon, daß nicht der Befehl, sondern das Gesetz sie alle zu Verbrechern gemacht hatte. Der Unterschied zwischen einem Befehl und dem Wort des Führers bestand darin, daß die Gültigkeit des letzteren keine zeitliche und räumliche Begrenzung kannte, während diese Begrenzung das hervorstechende Merkmal des Befehls ist.

Hannah Arendt

Urteilsverkündung im Prozeß gegen Eichmann

A1: Informiert euch über die Person Adolf Eichmanns und seine Rolle bei der Judenvernichtung.

A2: Vergleicht den kategorischen Imperativ Kants (siehe S. 119) mit dem „kategorischen Imperativ im Dritten Reich". Arbeitet den Widerspruch zu Kants Verständnis des kategorischen Imperativs heraus, und diskutiert über die nationalsozialistische Neuformulierung.

A3: Würdet ihr bei Eichmann von einem irrenden oder fehlgeleiteten Gewissen sprechen? Oder würdet ihr sagen, daß er gar kein Gewissen hatte?

4.5 Einige Grundregeln, an denen das Gewissen sich orientieren könnte

Die ältesten Bestimmungen aus den Zehn Geboten

Du sollst nicht töten	Recht des Nächsten auf sein Leben
Du sollst nicht ehebrechen	Recht des Nächsten auf seine Frau
Du sollst nicht (Menschen) stehlen	Recht des Nächsten auf seine Freiheit
Du sollst kein falsches Zeugnis geben wider deinen Nächsten	Recht des Nächsten auf seine Ehre
Du sollst nicht trachten nach deines Nächsten Haus.	Recht des Nächsten auf sein Eigentum

Die „Gebote" des Koran (aus der 17. Sure)

1. Keinen anderen Göttern neben Allah dienen.
2. Ehrfurcht und Barmherzigkeit zeigen für die Eltern.
3. Den Armen geben.
4. Keine Vergeudung, sondern Mäßigkeit halten im Geben.
5. Keine neugeborenen Kinder aus Armut töten.
6. Keinen Ehebruch treiben.
7. Nicht ungerecht töten.
8. Nicht den Besitz von Waisen verbrauchen.
9. Keinen Betrug im Handel.
10. Keinen (falschen) Gerüchten glauben.
11. Nicht anmaßend sein.

Die goldene Regel

Alles nun, was ihr wollt, daß es euch die Menschen tun, das sollt auch ihr ihnen tun; denn darin besteht das Gesetz und die Propheten.

Matthäus 7,12

„Gibt es ein Wort", fragte ihn Dse Gung, „nach dem man das ganze Leben hindurch handeln kann?"
„Nächstenliebe", antwortete Konfuzius. „Was du dir selbst nicht wünschest, tue nicht andern an."

Lun-Yü, Gespräche des Konfuzius

Das Gebot der Nächstenliebe im Alten Testament
(in der Übersetzung von Martin Buber)

Halte lieb deinen Genossen,
dir gleich.
    3. Buch Mose 19,18

Kategorischer Imperativ

Handle so, daß du die Menschheit, sowohl in deiner Person als in der Person eines jeden anderen, jederzeit zugleich als Zweck, niemals bloß als Mittel brauchst.

Immanuel Kant

Mit anderen Worten:
Mache niemandem zum Mittel für deine Zwecke.
Lasse dich nicht zum Mittel für die Zwecke anderer machen.

A1: Kennt ihr weitere Grundregeln? Schließen die erwähnten Grundregeln sich zum Teil aus? Ergänzen sie sich?
A2: Stellt eine Liste von drei Grundregeln zusammen, die für euch besonders wichtig sind.

4.6 Die Menschenrechte

4.6.1 Was sind Menschenrechte?

Die Menschenrechte sind heute in weiten Teilen der Welt als Richtschnur des individuellen, gesellschaftlichen und politischen Handelns anerkannt. Sie stellen eine wichtige Orientierungsinstanz für das persönliche Gewissen dar. Es war allerdings ein langer Weg bis zu den verbindlichen Erklärungen der Menschenrechte.

A1: Welche Menschenrechte erkennt ihr auf den Bildern?
A2: Welche Bedeutung haben sie in eurem Alltag?

4.6.2 Sternstunden der Menschenrechte

Die Nationalversammlung in der Frankfurter Paulskirche 1848

Um 1700 v. Chr.
Der babylonische König Hammurabi schafft ein umfangreiches Gesetzeswerk. Es ist auch der erste uns bekannte Versuch, Gerechtigkeit durch eine Rechtsordnung zu sichern und Willkür zu mildern.

760 v. Chr.
Der Prophet Amos protestiert gegen das Unrecht, das die Mächtigen, Reichen und Großgrundbesitzer den armen und kleinen Leuten antun.

30
Jesus von Nazareth erklärt, daß das Menschenrecht auf unversehrtes Leben über starre religiöse Gesetze geht und handelt entsprechend. (Er heilt die gelähmte Hand eines Mannes am Sabbat und erklärt: „Der Sabbat ist um des Menschen willen da, nicht der Mensch um des Sabbat willen.")

1215
Die aufständischen englischen Barone zwingen dem König Johann ohne Land die „Magna Charta libertatum" (Magna Charta der Freiheiten) ab. Sie setzt der Willkürherrschaft Grenzen.

1679
Die „Habeas-Corpus-Akte"[1] schützt die persönliche Freiheit und sichert vor willkürlicher Verhaftung.

1776
Die Erklärung der Rechte von Virginia in den Vereinigten Staaten von Amerika ist die erste Menschenrechtserklärung

---

[1] Ein Habeas Corpus-Schriftstück ist in der englischen Rechtssprache der Befehl eines Gerichts, in dem derjenige, der einen anderen verhaftet hat, aufgefordert wird, den Gefangenen unverzüglich vor Gericht zu bringen.

im neuzeitlichen Sinn und Vorbild für viele Verfassungen. Sie erkärt, „daß alle Menschen von Natur aus frei und unabhängig sind", daß sie „das Recht auf den Genuß des Lebens und der Freiheit, auf die Mittel zum Erwerb und Besitz von Eigentum, das Streben nach Glück und Sicherheit und das Erlangen beider" haben. Sie anerkennt die Pressefreiheit als eins der stärksten Bollwerke der Freiheit". Sie sichert das Recht der freien Religionswahl und Religionsausübung.

1789

Die Erklärung der Menschen- und Bürgerrechte durch die französische Nationalversammlung betont, daß die Menschen „von Geburt an frei und gleich an Rechten" sind.

1848

Die Nationalversammlung verabschiedet in der Frankfurter Paulskirche die Verfassung des Deutschen Reichs. In Abschnitt VI werden die „Grundrechte des deutschen Volkes" zusammengefaßt: kein Unterschied der Stände, Gleichheit vor dem Gesetz, Freiheit der Person, Unverletzlichkeit der Wohnung, Briefgeheimnis, Recht auf freie Meinungsäußerung, Pressefreiheit, Glaubens- und Gewissensfreiheit, Freiheit von Wissenschaft und Lehre, Versammlungs- und Vereinigungsfreiheit, Recht auf Eigentum.

1948

Die Allgemeine Versammlung der Vereinten Nationen verkündet am 10. Dezember die Allgemeine Erklärung der

Die Allgemeine Versammlung der Vereinten Nationen

Menschenrechte. Sie garantiert die folgenden Rechte: Recht auf Leben, Freiheit und Sicherheit der Person; Recht auf Anerkennung als Rechtsperson und Gleichheit vor dem Gesetz; Recht auf Schutz gegen Eingriffe in das Privatleben, die Familie, das Heim oder den Briefwechsel; Recht auf Freizügigkeit; Asylrecht; Recht, eine Ehe zu schließen und eine Familie zu gründen; Recht auf Eigentum; Recht auf Gedanken-, Gewissens- und Religionsfreiheit; Recht auf freie Meinungsäußerung; Recht auf Versammlungs- und Vereinigungsfreiheit; Recht auf Beteiligung an freien Wahlen; Recht auf Arbeit und soziale Sicherheit, auf Erholung und Freizeit; Recht auf Gesundheit und Wohlbefinden; Recht auf Bildung.

1949
Nach der nationalsozialistischen Herrschaft in Deutschland und den Schrecken eines fürchterlichen Krieges wird am 21. Mai das Grundgesetz der Bundesrepublik Deutschland verkündet.
Im Artikel 1 bekennt es sich zur Menschenwürde und zu den Menschenrechten:
„1. Die Würde des Menschen ist unantastbar. Sie zu achten und zu schützen ist Verpflichtung aller staatlichen Gewalt.
2. Das Deutsche Volk bekennt sich darum zu unverletzlichen und unveräußerlichen Menschenrechten als Grundlage jeder menschlichen Gemeinschaft, des Friedens und der Gerechtigkeit in der Welt."

1950
Am 4. November wird die Europäische Konvention zum Schutz der Menschenrechte und Grundfreiheiten unterzeichnet. Auf der Grundlage der Allgemeinen Erklärung der Menschenrechte macht die Europäische Konvention die Menschenrechte für europäische Verhältnisse anwendbar und sichert sie rechtlich ab. In der Folge wird 1959 der Europäische Gerichtshof für Menschenrechte gebildet.

1966
Die Vereinten Nationen verabschieden am 19. Dezember den Internationalen Pakt über wirtschaftliche, soziale und kulturelle Rechte und den Internationalen Pakt über bürgerliche und politische Rechte. Der Sozialpakt und der Zivilpakt stellen eine Weiterentwicklung der Allgemeinen Erklärung der Menschenrechte dar. Im Sozialpakt geht es um soziale Rechte wie Gleichberechtigung von Mann und Frau. Recht auf Arbeit und Soziale Sicherheit, Bildung. Der Zivilpakt sichert die Grundfreiheiten des Einzelnen: Recht auf Leben, Verbot von Folter und Sklaverei, Bewegungsfreiheit, Gleichheit vor Gericht, Gedanken-, Gewissens- und Religionsfreiheit, Meinungsfreiheit, Versammlungs- und Vereinigungsfreiheit u. a.

1975
Die Vertreter der Teilnehmerstaaten unterzeichnen am 1. August in Helsinki die Schlußakte der Konferenz über Sicherheit und Zusammenarbeit in Europa. Darin verpflichten sich die Vertragsstaaten, menschliche Kontakte, den Austausch von Informationen, die Zusammenarbeit in den Bereichen Kultur und Bildung zwischen den Ländern Europas zu fördern.

1981
„Um den Beginn des 15. Jahrhunderts islamischer Zeitrechnung gebührend zu würdigen", verkündet der Islamische Rat für Europa auf der Internationalen Islamischen Konferenz am 19. September in Paris die Allgemeine Islamische Menschenrechtserklärung.

A1: Ergänzt diese Aufstellung von „Sternstunden" der Menschenrechte.

A2: Besorgt euch den Wortlaut wichtiger Menschenrechtserklärungen, und vergleicht sie. (Solche Texte findet ihr in der Veröffentlichung der Deutschen UNESCO-Kommission: Menschenrechte. Internationale Dokumente. Adresse: Colmantstr. 15, 53115 Bonn. Eine weitere Quelle ist die Bundeszentrale für politische Bildung, Berliner Freiheit 7, 53111 Bonn.)

Tag der Arbeit in Windhuk: Frauen demonstrieren für mehr Rechte.

A: Sammelt aktuelle Berichte über Menschenrechtsverletzungen und über Initiativen und Projekte, die die Verwirklichung von Menschenrechten fördern.

4.6.3 Menschenrechte in der Verfassung des Freistaates Sachsen

Artikel 7
(1) Das Land erkennt das Recht eines jeden Menschen auf ein menschenwürdiges Dasein, insbesondere auf Arbeit, auf angemessenen Wohnraum, auf angemessenen Lebensunterhalt, auf soziale Sicherung und auf Bildung, als Staatsziel an.
(2) Das Land bekennt sich zur Verpflichtung der Gemeinschaft, alte und behinderte Menschen zu unterstützen und auf die Gleichwertigkeit ihrer Lebensbedingungen hinzuwirken.

Artikel 10
(1) Der Schutz der Umwelt als Lebensgrundlage ist, auch in Verantwortung für kommende Generationen, Pflicht des Landes und Verpflichtung aller im Land. Das Land hat insbesondere den Boden, die Luft und das Wasser, Tiere und Pflanzen sowie die Landschaft als Ganzes einschließlich ihrer gewachsenen Siedlungsräume zu schützen. Es hat auf den sparsamen Gebrauch und die Rückgewinnung von Rohstoffen und die sparsame Nutzung von Energie und Wasser hinzuwirken. (...)

Artikel 14
(1) Die Würde des Menschen ist unantastbar. Sie zu achten und zu schützen ist Verpflichtung aller staatlichen Gewalt.
(2) Die Unantastbarkeit der Würde des Menschen ist Quelle aller Grundrechte.

Artikel 15
Jeder Mensch hat das Recht auf die freie Entfaltung seiner Persönlichkeit, soweit er nicht die Rechte anderer verletzt und nicht gegen die verfassungsmäßige Ordnung oder das Sittengesetz verstößt.

Artikel 18
(1) Alle Menschen sind vor dem Gesetz gleich.
(2) Frauen und Männer sind gleichberechtigt.
(3) Niemand darf wegen seines Geschlechtes, seiner Abstammung, seiner Rasse, seiner Sprache, seiner Heimat und Herkunft, seines Glaubens, seiner religiösen oder politischen Anschauungen benachteiligt oder bevorzugt werden.

Artikel 20
(1) Jede Person hat das Recht, ihre Meinung in Wort, Schrift und Bild frei zu äußern und zu verbreiten und sich aus allgemein zugänglichen Quellen ungehindert zu unterrichten. Die Pressefreiheit und die Freiheit der Berichterstattung durch Rundfunk und Film werden gewährleistet. Eine Zensur findet nicht statt. (...)

Artikel 23
(1) Alle haben das Recht, sich ohne Anmeldung oder Erlaubnis friedlich und ohne Waffen zu versammeln.
(2) Für Versammlungen unter freiem Himmel kann dieses Recht durch Gesetz oder auf Grund eines Gesetzes beschränkt werden.

Artikel 24
(1) Alle Bürger haben das Recht, Vereinigungen zu bilden. (...)

Artikel 25
Das Recht, zur Wahrung und Förderung der Arbeits- und Wirtschaftsbedingungen Vereinigungen zu bilden, ist für jede Person und für alle Berufe gewährleistet. Abreden, die dieses Recht einschränken oder zu behindern suchen, sind nichtig; hierauf gerichtete Maßnahmen sind rechtswidrig.

Artikel 26
In Betrieben, Dienststellen und Einrichtungen des Landes sind Vertretungsorgane der Beschäftigten zu bilden. Diese haben nach Maßgabe der Gesetze das Recht auf Mitbestimmung.

Artikel 27
(1) Das Briefgeheimnis sowie das Post- und Fernmeldegeheimnis sind unverletzlich. (...)

Artikel 29
(1) Alle Bürger haben das Recht, die Ausbildungsstätte frei zu wählen.
(2) Alle Bürger haben das Recht auf gleichen Zugang zu den öffentlichen Bildungseinrichtungen.

Artikel 30
(1) Die Wohnung ist unverletzlich. (...)

A: Welche Menschenrechte haben Eingang in die Verfassung des Freistaates Sachsen gefunden? Ordnet die Menschenrechtssymbole von S. 119 den einzelnen Verfassungsbestimmungen zu. Welche grundlegenden Menschenrechte erlebt ihr im Alltag?

4.7 Verantwortung

4.7.1 Was ist Verantwortung?

Es gibt Orientierungspunkte für das Gewissen: Grundregeln der Sittlichkeit, Menschenrechte. Die letzte Entscheidung über das, was wir denken, tun oder unterlassen, trifft jeder Mensch für sich allein. Es reicht allerdings nicht aus, sich auf den eigenen Gewissensentscheid zu berufen. Ich muß ihn vor anderen erläutern und begründen – verantworten – können. Ein Gewissen ohne Verantwortung kann blind, Verantwortung ohne Gewissen reine Geschwätzigkeit sein.

A: Jeder von uns hat Verantwortung. Beschreibt die Bilder: Wer übernimmt welche Verantwortung?

Das Beziehungsfeld der Verantwortung

1. Die Verantwortung geht von mir aus.
– Ich bin verantwortlich
    für eine Sache,
    alle Sachen,
    für einen Menschen,
    alle Menschen.
– Ich bin verantwortlich
    vor den Eltern,
    dem Lehrer,
    vor mir selbst,
    vor dem Nächsten,
    allen Menschen,
    vor Gott.
– Ich bin verantwortlich *in der Zeit*
    für vergangene Taten,
    für gegenwärtiges Tun,
    für die Richtung, die die Zukunft nimmt.

2. Die Verantwortung geht von einem Geschehnis aus.
– Ein Zug entgleist: wer trägt dafür die Verantwortung?
– Vergiftetes Öl wird verkauft: Menschen werden krank und sterben: wer ist verantwortlich?
– 15 000 Kinder sterben täglich: wen trifft die Verantwortung?

Geschehnisse sind keine Naturvorgänge. Naturvorgänge lassen sich von Menschen (noch) nicht beeinflussen.
Geschehnisse liegen im Bereich menschlicher Möglichkeiten.
Geschehnisse geschehen,
weil Menschen ihre Möglichkeiten nicht wahrnehmen,
weil Menschen nichts tun.
Geschehnisse beziehen uns in die Verantwortung ein.
Ich kann mich der Verantwortung entziehen.
Ich kann mich der Verantwortung stellen.
Werde ich die Verantwortung tragen?

Nach Georg Picht

4.7.2 Ich übernehme Verantwortung

Menschen leben – um an das bekannte Bibelwort anzuknüpfen und es etwas abzuändern – „nicht vom Brot allein", sondern von Rede und Antwort. Wir werden Menschen im Gespräch.
Die Eltern sprechen die ganz kleinen Kinder an, auch wenn diese noch nichts verstehen und schon gar nicht antworten können. Mit der Zeit lernen die Kinder sprechen, erst Worte, dann Sätze. Irgendwann fangen sie an zu fragen. Sie wollen ihren Horizont erweitern. Sie fragen ihren Eltern geradezu „Löcher in den Bauch": „Warum geht die Sonne

auf? ... Warum ist der Topf übergelaufen? ... Warum fahren wir mit dem Auto? ... Warum bin ich auf der Welt?" Die Eltern müssen antworten und – jedenfalls bei letzteren Fragen – sich verantworten. Zusammen mit der Erfahrung antwortender Eltern und Erwachsener werden erste Erfahrungen mit der Verantwortung gemacht.

Dann kommt die Zeit, in der auch den Kindern Fragen gestellt werden: „Hast Du das getan? ... Warum hast Du das gemacht? ... Hast Du nicht gewußt, daß ...?" Durch solche Fragen haben wir gelernt, „Rede und Antwort zu stehen", uns zu verantworten. Schon bald waren es nicht nur Eltern oder andere Erwachsene, die so fragten. Dasselbe taten die Gleichaltrigen.

Nicht selten wurde einem das Antwortgeben und das Sichverantworten lästig oder peinlich. Wahrscheinlich hat dann auch jeder einmal versucht, sich der Verantwortung zu entziehen, sich aus ihr „herauszustehlen": durch Schweigen, durch eine falsche Frage („Bin ich der Hüter meines Bruders?"), durch den Versuch einer Entschuldigung, durch eine Lüge oder durch Flucht. Wer sich dabei aufmerksam selbst beobachtet hat, stellte fest: Letzten Endes kann ich nicht – jedenfalls nicht auf die Dauer – vor den Fragen der anderen und vor mir selbst davonlaufen. Ich kann aus meiner Verantwortung nicht heraus.

Verantwortung ist ein personales Geschehen: Ich verantworte mich vor einem anderen, vor einem Du. Diese personale Verantwortung ist an Voraussetzungen gebunden. Ich muß „mündig" geworden, zu einem persönlichen Bewußtsein und zur Urteilsfähigkeit über Richtig und Falsch gekommen sein. Ich muß mich selbst angenommen haben; ich muß in der Lage sein, zu mir selbst zu stehen, zu meinen „Tag-" und „Nacht-seiten", zu meinen Anlagen, Fähigkeiten und Schwächen. Ich muß mich auf die

Verantwortung **127**

anderen, die mich befragen, verlassen können; ich muß sicher sein dürfen, daß sie mir keine Falle stellen, wenn ich antwortend „aus mir herausgehe". Dem Mörder schulde ich weder Antwort noch Verantwortung, wenn ich sein Opfer vor ihm verstecke.

In der Regel lernen wir Verantwortung in den Nahbereichen unseres Lebens: in der Familie, in der Klasse, in der Gruppe, unter Freunden. Verantwortung kommt aber auch aus ferner liegenden Bereichen auf uns zu, je mehr sich der Horizont unserer bewußten Wahrnehmung erweitert. Ich habe Arbeit, ein anderer nicht: Muß ich etwas für ihn tun? Ich habe genug zu essen, Millionen Menschen hungern: Bin ich herausgefordert? Der Wald stirbt: Muß ich deswegen in meinem Verhalten etwas ändern? Mit diesen Fragen gewinnt die Verantwortung einen universalen Charakter: Sie wird Verantwortung vor der und für die Mit-welt, die Um-welt und die Nach-welt.

Weil Überforderung für Verantwortung tödlich sein kann, müssen mit dem universalen Charakter auch die Grenzen von Verantwortung angesprochen werden. Verantwortung bezieht sich immer nur auf das, was verändert werden kann; allerdings darf ich mich nicht vorschnell hinter das „Schicksal" oder die „Sachzwänge" zurückziehen. Verantwortung habe ich nur da, wo eine Veränderung wenigstens ansatzweise in meiner Macht steht; allerdings darf ich nicht zu schnell vor der „Macht der Verhältnisse", vor der Gesellschaft oder dem System kapitulieren.

Hilfreich angesichts der Gefahr der Überforderung ist es, in einer komplexen und komplizierten Welt darauf zu achten, wer für was zuständig ist. Der Zuständige ist für seinen Bereich verantwortlich, z. B. der Datenschutzbeauftragte für die Überprüfung von Gesetzen oder Maßnahmen, die meine Persönlichkeitsrechte berühren könnten; allerdings muß ich darauf achten, ob der Zuständige seine Aufgabe erfüllt. Hilfreich – ja notwendig – ist es heute, sich mit anderen zusammenzutun, um Verantwortung wahrzunehmen. Sicher: ich allein entscheide mich grundsätzlich zur Verantwortung. Tragen aber kann ich sie – besonders wenn es um die Verantwortung für Mitwelt, Umwelt und Nachwelt geht – nur im Miteinander.

A1: Sammelt Beispiele für die Sätze: Ich bin verantwortlich für eine Sache. Ich bin verantwortlich für einen Menschen.
A2: Könnt ihr dem Satz zustimmen: Ich bin verantwortlich für alle Menschen?
A3: Sammelt Berichte über Geschehnisse in eurer näheren und ferneren Umgebung (eine Schülerin wird unfair behandelt, ein Ausländer wird beschimpft, eine neue Straße wird geplant ...). Wie beziehen solche Geschehnisse euch in die Verantwortung ein?

Zu den Autoren

Arendt, Hanna (1906–1975): in Deutschland geborene Philosophin, Soziologin und Politologin. Emigrierte 1933 nach Frankreich, 1940 in die USA. Seit 1959 Professorin für Politik in Princeton. 1959 erhielt sie den Lessingpreis der Stadt Hamburg.

Bergengruen, Werner (1892–1964): deutscher Dichter und Erzähler; arbeitete als Journalist und später als freier Schriftsteller. Seine bevorzugten Themen entstammen den Bereichen Geschichte und Religion. Bekanntestes Werk: „Der Großtyrann und das Gericht" (1935).

Borchert, Wolfgang (1921–1947): absolvierte vor dem Krieg eine Buchhandelslehre, arbeitete aber dann als Schauspieler. Seine literarischen Werke sind geprägt von seinen Erlebnissen und Eindrücken als Kriegsteilnehmer und vermitteln vor allem den Gedanken der Sinnlosigkeit des Krieges. Neben seinen Kurzgeschichten ist vor allem das in Borcherts Todesjahr vollendete Hörspiel „Draußen vor der Tür" bekannt geworden.

Brecht, Bertolt (1898–1956): bedeutender Dramenschriftsteller und Begründer des „epischen Theaters". Nach dem Studium von Medizin und Literatur arbeitete Brecht zunächst als Theaterkritiker, später als freier Schriftsteller in Berlin. Als Marxist verließ er 1933 Deutschland und eröffnete nach dem Krieg das „Berliner Ensemble". Zu seinen bedeutendsten Dramen zählen „Mutter Courage und ihre Kinder (1939), „Der gute Mensch von Sezuan (1938–1942), „Leben des Galilei" (1943) und „Der kaukasische Kreidekreis" (1944–1945). Neben seinen Dramen haben vor allem Brechts Erzählungen „Kalendergeschichten" (1949) und „Geschichten von Herrn Keuner" (veröffentlicht 1958) Bedeutung erlangt.

Camus, Albert (1913–1960): französischer Schriftsteller; war während des Zweiten Weltkriegs Mitglied der Résistance. Sein Werk umfaßt Romane, philosophische Essais und Theaterstücke. 1957 erhielt er den Literaturnobelpreis.

Erikson, Erik H. (geb. 1902): deutsch-amerikanischer Psychologe. Schüler Sigmund Freuds. Emigrierte 1933 in die USA und lehrte u. a. in Berkeley und an der Harvard Universität. Wichtige Werke sind: „Kindheit und Gesellschaft" (1960) und „Einsicht und Verantwortung" (1964).

Gibran, Khalil (1883–1931): arabischer Schriftsteller und Maler, der eine Fülle von Lebensweisheiten in Aphorismen, Parabeln und Geschichten kleidete. Sein wichtigstes Werk „Der Prophet" enthält die Quintessenz dieser Lebensweisheiten.

Hesse, Hermann (1877–1962): deutscher Schriftsteller und Dichter. Studierte zunächst Theologie, brach aber die Ausbildung ab. In seinen literarischen Werken, für die er zahlreiche Ehrungen erhielt, geht es zumeist um Entwicklungen und Wandlungen im Inneren des Menschen. Wichtige Werke: „Knulp" (1915); „Siddharta" (1922), „Der Steppenwolf" (1927), „Narziß und Goldmund" (1930), „Das Glasperlenspiel" (1943).

Kaléko, Mascha (1907–1975): als Tochter eines russischen Vaters und einer österreichischen Mutter in Polen geboren, verbrachte sie ihre Jugendjahre in Berlin. Ihre ersten Gedichte veröffentlichte sie in der „Vossischen Zeitung" und im „Berliner Tageblatt" und wurde schon bald von Hermann Hesse und Thomas Mann als talentierte Lyrikerin gefeiert. 1938 emigrierte sie mit ihrem jüdischen Mann in die Vereinigten Staaten und lebte seit 1960 mit ihm in Israel.

Autorenverzeichnis

Kant, Immanuel (1724–1804): bedeutendster deutscher Philosoph. Wichtigste Werke: „Kritik der reinen Vernunft", „Kritik der praktischen Vernunft", „Kritik der Urteilskraft".

Kaschnitz, Marie Luise (1901–1974): deutsche Dichterin. Arbeitete nach einer Buchhändlerlehre bei mehreren Verlagen in München und Rom. 1947 erschien ihr erster Gedichtband. 1955 erhielt sie den Büchner-Preis. Ab 1960 Gastdozentin für Poetik in Frankfurt/Main.

Kästner, Erhart (1904–1974): studierte Germanistik, Geschichte und Geographie. Auf persönliche Einladung des Dichters Gerhart Hauptmann wurde er 1934 dessen Privatsekretär. Im Zweiten Weltkrieg kam Kästner nach Griechenland und schließlich in ein englisches Kriegsgefangenenlager nach Ägypten. 1950 wurde er Direktor der berühmten Herzog-August-Bibliothek in Wolfenbüttel. Wichtige Werke sind: „Zeltbuch von Tumilat" (1949), „Ölberge. Weinberge" (1953), „Aufstand der Dinge" (1973).

Kästner, Erich (1899–1974): deutscher Schriftsteller, Lyriker und Kinderbuchautor. Er arbeitete als Bankbeamter und Redakteur und wurde nach seinem Germanistikstudium freier Schriftsteller. Seine Bücher wurden 1933 verboten. 1957 erhielt Kästner den Büchner-Preis. Bekannte Werke sind: „Emil und die Detektive" (1929), „Das fliegende Klassenzimmer" (1933), „Lyrische Hausapotheke" (1936).

Kavafis, Konstantin (1863–1933): griechischer Dichter, der sein Leben in der griechischen Kolonie von Alexandria in Ägypten verbrachte. Kennzeichnend für seine Lyrik sind die ichbezogene und gefühlsbetonte Thematik und die häufige Beziehung zu Gestalten aus der Antike.

King, Martin Luther (1929–1968): war der Sohn eines angesehenen schwarzen Pfarrers der Baptistengemeinde von Atlanta/Georgia und studierte selbst Theologie. Neben dem Pfarramt galt sein Lebensziel dem Kampf um die Gleichberechtigung der schwarzen Bevölkerung in den USA. 1968 wurde er Opfer eines Attentats durch einen Weißen.

Kräftner, Hertha (1928–1951): war die Tochter eines politisch engagierten Kaufmanns und studierte Germanistik und Anglistik. Eigene literarische Arbeiten veröffentlichte sie erstmals nach dem Zweiten Weltkrieg. Ihre kurzen Prosatexte sowie ihre Gedichte sind geprägt von Resignation und Hoffnungslosigkeit. Im Alter von 23 Jahren nahm sie sich das Leben.

Küng, Hans (geb. 1928): katholischer Theologe. Seit 1960 Professor der Dogmatischen und Ökumenischen Forschung der Universität Tübingen.

Lermer, Stephan (geb. 1949): deutscher Psychologe. Schwerpunkte seiner Arbeit: Persönlichkeit und Kommunikation.

Logau, Friedrich von (1604–1655): deutscher Dichter. Beamter am Hof des Herzogs von Brieg. Wichtigstes Werk sind seine volkstümlichen „Deutscher Sinn-Gedichte Drey Tausend" (1654). In seinen Epigrammen charakterisiert er treffend seine Zeit.

Maupassant, Guy de (1850–1893): französischer Schriftsteller. Nach ersten literarischen Erfolgen lebte er als freier Schriftsteller und schrieb etwa 260 Novellen und sechs Romane. Sein berühmtester Roman ist „Bel Ami" (1885).

Nietzsche, Friedrich (1844–1900): bedeutender deutscher Philosoph und Dichter. Nach dem Studium der klassischen Philologie wurde er Professor in Basel, konnte seine Tätigkeit aus gesundheitlichen Gründen jedoch nur bis 1879 ausüben. Nietzsches bekanntestes Werk ist „Also sprach Zarathustra" (1883–1891).

Picht, Georg (1913–1982): deutscher Pädagoge und Religionsphilosoph. Ab 1958 Leiter der Forschungsstelle der Evangelischen Studiengemeinschaft in Heidelberg, ab 1965 Professor in Heidelberg. Mit seiner Kritik am deutschen Bildungswesen einer der Wegbereiter der Bildungsreformen. Wichtigstes Werk: „Die deutsche Bildungskatastrophe" (1964).

Roth, Eugen (1895–1976): deutscher Schriftsteller. Bis 1933 Redakteur, dann freier Schriftsteller. Seine Gedichte, u. a. „Ein Mensch" (1935), „Mensch und Unmensch" (1948), „Der letzte Mensch" (1964), behandeln mit melancholischem Witz und mit Ironie menschliche Unzulänglichkeiten.

Saint-Exupéry, Antoine de (1900–1944): französischer Schriftsteller. Sein Dasein als Flieger schlug sich auch in seinen Werken nieder. Wichtige Werke: „Wind, Sand und Sterne" (1939), „Südkurier" (1929) und „Nachtflug" (1931).

Schiefenhövel, Wulf (geb. 1943): studierte Medizin. Beschäftigt sich mit Völkerkunde und Medizin. Seit 1965 Untersuchungen in Papua Neuguinea, West-Neuguinea und Indonesien.

Schwab, Gustav (1792–1850): deutscher Schriftsteller, wurde vor allem durch einzelne Balladen und als Nacherzähler von Sagen bekannt. Wichtigste Werke: „Die schönsten Sagen des klassischen Altertums" und „Deutsche Volksbücher".

Schweitzer, Albert (1875–1965): elsässischer evangelischer Theologe, Tropenarzt und Organist. Gründete 1913 in Lambarene ein Urwaldhospital. Nach dem Zweiten Weltkrieg wandte er sich energisch gegen die Atomgefahren. Ehrfurcht vor dem Leben ist das Grundprinzip seiner Ethik. 1951 Friedenspreis des deutschen Buchhandels. 1957 erhielt er den Friedensnobelpreis.

Silone, Ignazio, eigentlich Secondo Tranquilli (1900–1978): italienischer Schriftsteller. Seine Romane schildern das Schicksal der armen Bauern in den Abruzzen und fanden durch die Unmittelbarkeit ihrer Aussage in vielen Übersetzungen starken Anklang außerhalb Italiens.

Sölle, Dorothee (geb. 1929): Theologin, Schriftstellerin und Literaturwissenschaftlerin, die sich zur christlichen Friedensbewegung bekennt. 1968 eine der Mitbegründer des Arbeitskreises „Politisches Nachtgebet" in Köln.

Stössinger, Verena (geb. 1951): lebt in Basel. Arbeitet als Verlagsassistentin und Mitarbeiterin beim Radio.

Tamaro, Susanna (geb. 1957): italienische Schriftstellerin und Regisseurin. Verfaßte mehrere Bücher zum Thema Kindheit. Bislang wichtigstes Werk „Geh, wohin dein Herz dich trägt".

ter Haar, Jaap: niederländischer Jugendbuchautor. Für sein Buch „Behalt das Leben lieb" erhielt er den höchsten holländischen Jugendbuchpreis.

Trepp, Leo (geb. 1903): jüdischer Philosoph und Rabbiner. Professor für Philosophie und Geisteswissenschaften in Kalifornien.

Tucholsky, Kurt (1890–1935): deutscher Schriftsteller und Journalist, der zahlreiche kritische und satirische Texte zum Alltagsgeschehen und zu den politischen Verhältnissen in der Weimarer Republik verfaßte. Sein bekanntester Roman ist „Schloß Gripsholm" (1931). Er wanderte aus dem nationalsozialistischen Deutschland nach Schweden aus und beging dort Selbstmord.

Zimbardo, Philip: amerikanischer Psychologe.

Quellenverzeichnis

S. 8 f.	Jugend '92. Hg. vom Jugendwerk der Deutschen Shell. Bd. 1. Opladen: Leske u. Budrich 1992, S. 46 ff., S. 141 ff., S. 157 ff.
S. 10	Yvonne Bernart. In: Jugendwerk der Deutschen Shell (Hg.): Jugend vom Umtausch ausgeschlossen. Reinbek: Rowohlt 1984, S. 241 f.
S. 12	Vgl. Ernst Bloch: Das Prinzip Hoffnung. In: ders.: Gesamtausgabe Bd. 5. Frankfurt/M.: Suhrkamp 1959, S. 1454 f., S. 1464. – Vgl. Enrique Dussel: Läßt sich „eine" Ethik angesichts der geschichtlichen „Vielheit" der Moralen legitimieren? In: Concilium, 17. Jg. (1981), S. 807–813. Ders.: Befreiungsethik. Grundlegende Hypothesen. In: Concilium, 20. Jg. (1984), S. 133–141. Ders.: Herrschaft und Befreiung. Ansatz, Stationen und Themen einer lateinamerikanischen Theologie der Befreiung. Freiburg (Schweiz): Exodus 1985. – Vgl. Paulus, Erster Brief an die Korinther, Kap. 13.
S. 13	Jan Sperna-Weiland/Th. van Baaren: Antworten. Bearb. der deutschen Ausgabe: Karl Hammer. Übers. von Heinrich A. Mertens u. Edmund Labonté. Zürich, Köln: Benzinger; Lahr: Kaufmann 1977, S. 118.
S. 13 f.	Susanna Tamaro: Geh, wohin dein Herz dich trägt. Übers. von Maja Pflug. Zürich: Diogenes 1995, S. 15 f.
S. 15	Das Rätsel der Sphinx. In: Gustav Schwab: Sagen des klassischen Altertums. Frankfurt/Main: Insel 1975, S. 235.
S. 17 f.	Nach Erik H. Erikson: Die menschliche Stärke und der Zyklus der Generationen. In: Einsicht und Verantwortung. Übers. von Marianne von Eckardt-Jaffe. Frankfurt/Main: Fischer 1971, S. 95 ff. © Klett-Verlag, Stuttgart.
S. 18	Leo Trepp. In: Peter Antes u. a.: Ethik in nichtchristlichen Kulturen. Stuttgart: Kohlhammer 1984, S. 16 f.
S. 18 f.	Leo Tolstoi: Die drei Söhne. In: Volkserzählungen. Erinnerungen. Hg. von Josef Hahn. München: Winkler o. J., S. 329.
S. 19 f.	Erklärung der Rechte des Kindes. In: Vereinte Nationen, 27. Jg. (Juni 1979), S. 79 f.
S. 22	Verfassung des Freistaates Sachsen vom 27. Mai 1992.
S. 22	Verfassung des Landes Hessen vom 1. 12. 1946.
S. 23 f.	„Die sagen uns immer, wie mies wir sind." Von Vera Gaserow. In: Die Zeit Nr. 18, 30. 4. 1993, S. 81.
S. 24 f.	Jugendwerk der Deutschen Shell (Hg.): Bd. 4: Jugend in Selbstbildern. Leverkusen: Leske u. Budrich 1985, S. 132 f.
S. 25 ff.	provo, Jugendmagazin von Publik Forum, Nr. 1/94, S. 6 f.
S. 27 f.	provo Nr. 1/94, S. 18.
S. 28 f.	provo Nr. 2/94, S. 8 f.
S. 29 f.	provo Nr. 2/93, S. 4, 25.
S. 30 f.	Albert Schweitzer. In: Georg Hahn: Mehr als nur Erinnerung. 58 Lebenswege in Selbstzeugnissen. Stuttgart: J. F. Steinkopf 1980, S. 37 ff.
S. 32 f.	Verena Stössinger: Nina, Bilder einer Veränderung. In: Muttertage. Bern: Zytglogge Verlag 1980, S. 11–17.
S. 33 ff.	Brigitte Grell/Carola Wolf (Hg.): Ein Ende ist immer ein Anfang. Von alten Ängsten und neuen Hoffnungen. München: Chr. Kaiser 1992, S. 60 ff.
S. 35 ff.	Susanna Tamaro, a.a.O., S. 43.
S. 39	Gemeinsam statt einsam. Politik mit älteren Menschen. Von Peter Köppinger. Hg. vom Presse- und Informationsdienst der Bundesregierung. Bonn 1991, S. 149 ff.
S. 40	Leo Trepp. In: Peter Antes u. a., a.a.O., S. 43.
S. 42	Marie Luise Kaschnitz: Steht noch dahin. Frankfurt/Main: Suhrkamp 1972, S. 21.
S. 42 f.	Bertolt Brecht: Gegen Verführung. In: Gesammelte Werke. Frankfurt/Main: Suhrkamp 1967. – Hans Küng: Es steht noch mehr bereit. In: Kunst und Sinnfrage. Zürich, Köln: Benzinger 1980, S. 77 f.
S. 43	Margarethe von Bardieu: Wenn es Lotusblüten regnet. Die schönsten Legenden des Zen-Buddhismus. Gütersloh: Gütersloher Verlagshaus G. Mohn 1993, S. 65. Aus: Bi-Yän-Lu: Meister Yüan-wu's Niederschrift der Smaragdenen Felswand; ins Deutsche übertragen und erläutert von Wilhelm Gundert. 3 Bde. © Carl Hanser Verlag, München 1960.

S. 44	Khalil Gibran: Der Prophet. Übers. von Claire Malignon. Olten und Freiburg: Walter 1984, S. 42 f.
S. 44 f.	Josef Schlösser. In: Kontraste. 16. Jg. (1976) Nr. 1, S. 7 ff.
S. 46	Rudolph Kautzky (Hg.): Sterben im Krankenhaus. Aufzeichnungen über einen Tod. Freiburg: Herder 1976, S. 79 f., 81 f., 121–123.
S. 46 f.	Wulf Schiefenhövel. In: Irenäus Eibl-Eibesfeldt, Wulf Schiefenhövel, V. Heeschen: Kommunikation bei den Eipo. Eine humanethologische Bestandsaufnahme. Berlin: Reimer 1989.
S. 50	Kurt Tucholsky: Das Ideal. In: Gesammelte Werke. Band 5. Reinbek: Rowohlt 1975, S. 269 f.
S. 53 ff.	Guy de Maupassant: Das Glück. Übersetzt von Helmut Bartuschek. In: Fettklößchen und andere Novellen. München: Winkler: 1982, S. 614 ff. © Aufbau-Verlag, Berlin u. Weimar.
S. 55 f.	Erhart Kästner: Aufstand der Dinge. Frankfurt/M.: Suhrkamp 1976, S. 122 f.
S. 57 ff.	Erich Kästner: Das Märchen vom Glück. In: Der tägliche Kram. Zürich: Atrium 1948.
S. 61	Georg Bubolz (Hg.): Religionslexikon. Frankfurt/M.: Cornelsen Verlag Scriptor 1990, S. 183.
S. 62	Prediger 2, 3–11. Zit. nach der Einheitsübersetzung der Heiligen Schrift. Stuttgart: Deutsche Bibelgesellschaft 1981.
S. 63	Dorothee Sölle: Phantasie und Gehorsam. Überlegungen zu einer künftigen christlichen Ethik. Stuttgart/Berlin: Kreuz Verlag 1970, S. 63 ff.
S. 64	Meike Wolff (Hg.): Oh, das kriegen wir schon hin. Reinbek: Rowohlt 1985, S. 22.
S. 64 ff.	Stephan Lermer: Psychologie des Glücks. München: Goldmann 1985, S. 64 ff.
S. 66 f.	Tagebuchzitate nach: Isolde Heyne: Das Vermächtnis einer Liebe. Clara und Robert Schumann. In: Georg Popp: Die Großen der Liebe. Stuttgart: Quell-Verlag 1989, S. 228 ff.
S. 68 f.	Zusammenfassung nach: Friedrich Heer: Mutter Teresa. Symbolfigur der Barmherzigkeit. In: Bruno Moser: Große Gestalten des Glaubens. Leben, Werk und Wirkung. München: Südwest Verlag 1982, S. 262 ff.
S. 69 f.	Zusammenfassung nach: Kurt Gallig, Hans v. Campenhausen u. a.: Die Religion in Geschichte und Gegenwart. Band 2. Tübingen: Mohr 1986, Sp. 1198 f.
S. 72	Hermann Hesse: Die Flamme. In: Ausgewählte Gedichte. Frankfurt/M.: Suhrkamp 1953, S. 94.
S. 73	Werner Bergengruen: Leben eines Mannes. In: Figur und Schatten. Gedichte. Zürich: Arche Verlag 1958.
S. 74	Antoine de Saint-Exupéry: Der Kleine Prinz. Übers. v. Grete und Josef Leitgeb. Düsseldorf: Karl Rauch Verlag o. J., S. 53 f.
S. 74 f.	Erich Kästner: Das Eisenbahngleichnis. In: Gesang zwischen den Stühlen. Zürich: Atrium Verlag 1930.
S. 75 f.	Konstantin Kavafis: Ithaka. Gedichte. Übers. von Helmut von den Steinen. Frankfurt/M.: Verlag Ars librorum 1967; © Suhrkamp.
S. 77 ff.	Wolfgang Borchert: An diesem Dienstag. In: Draußen vor der Tür und ausgewählte Erzählungen. Hamburg: Rowohlt 1956.
S. 80 f.	Jaap ter Haar: Behalt das Leben lieb. Übers. von Hans-Joachim Schädlich. Recklinghausen: Georg Bitter Verlag 1976, S. 45 f.
S. 82	Mascha Kaléko: Memento. In: Verse für Zeitgenossen. Reinbek: Rowohlt 1980, S. 9.
S. 87 f.	Philip G. Zimbardo: Psychologie. Bearbeitet und hg. von W. F. Angermeier, J. C. Brengelmann, Th. J. Thiekötter. Berlin: Springer ^{4}1983, S. 151 ff. (Auszüge).
S. 89 ff.	Bertolt Brecht: Die unwürdige Greisin. In: Gesammelte Werke. Band 11. Frankfurt/M.: Suhrkamp 1967.
S. 93	Textzitate von Albert Schweitzer nach: Harald Steffahn: Schweitzer. Reinbek: Rowohlt 1979, S. 65 f.
S. 94 f.	Martin Luther King: Mein Traum vom Ende des Hassens. Hg. u. übers. von Heinrich W. Grosse. Freiburg: Herder 1994, S. 115 f. (Herder Spektrum Bd. 4318).
S. 95	Artikel „Nihilismus". In: Georg Bubolz (Hg.): Religionslexikon. Frankfurt/M.: Cornelsen Verlag Scriptor 1990.
S. 96	Friedrich Nietzsche: Vereinsamt. In: Carl Carstens (Hg.): Deutsche Gedichte. München: Bertelsmann 1983, S. 232.

S. 96 f.	Hertha Kräftner: Das blaue Licht. Lyrik und Prosa. Hg. von Otto Breicha u. Andreas Okopenko. Darmstadt/Neuwied: Luchterhand 1981.
S. 98	Lukasevangelium 6, 20–49. Zit. nach der Einheitsübersetzung der Heiligen Schrift. Stuttgart: Deutsche Bibelgesellschaft 1981.
S. 98 f.	Auszüge aus den Suren 2, 78, 6. In: Der Koran. Nach der Übertragung von Ludwig Ullmann neu bearbeitet und erläutert von L. W. Winter. München: Goldmann 1959.
S. 99	Anneliese Keilbauer: Die Religionen Indiens. Band 1: Der Hinduismus. Stuttgart: Indoculture Verlag 1979.
S. 100 f.	Der Pfad der Erleuchtung. Grundtexte der buddhistischen Heilslehre. Übersetzt von Helmuth v. Glasenapp. Düsseldorf/Köln: Diederichs 1956.
S. 103 f.	Ignazio Silone: Ein Stück Brot und ein Zinksarg. Übers. von Hedwig Kehrli. In: Hermann Kesten (Hg.): Europa heute. Prosa und Poesie seit 1945. Band 2. München: Kindler 1963, S. 522–526 (Auszug).
S. 105	Meinungen: Albert Schweitzer: Kultur und Ethik. Sonderausgabe. München: Beck 1960, S. 340. – Blaise Pascal: Über die Religion (Pensées). Übertragen und herausgegben von Ewald Wasmuth. Heidelberg: Verlag Lambert Schneider 1963, S. 417.
S. 106 f.	Albert Camus: Der Fall. In: Gesammelte Erzählungen. Deutsch von Guido G. Meister. Reinbek: Rowohlt 1966. S. 52 f., 32–34 (gekürzt).
S. 107	Edward de Bono: Das spielerische Denken. Bern: Scherz 1970, S. 9–11. Die Kieselgeschichte wird vom Autor erzählt. Ausgelassen sind seine kommentierenden Zwischenüberlegungen.
S. 107 f.	Lukas-Evangelium 10, 30–37. Übersetzt von Ulrich Wilckens.
S. 109	Immanuel Kant: Metaphysik der Sitten. Hamburg: Meiner 1966, S. 289 f.
S. 109	Eugen Roth: Ein Ausweg. In: Ein Mensch. Heitere Verse. München: Carl Hanser 1932, S. 22.
S. 113	Eberhard Röhm: Ein prophetischer Mensch. Hermann Stöhr – Pazifist im Dritten Reich. In: Evangelische Kommentare 7/1994, S. 417–419.
S. 114	Jürg Wunderli. In: Neue Zürcher Zeitung, Fernausgabe Nr. 297, 23. 12. 1986, S. 15.
S. 115 ff.	Hannah Arendt: Eichmann in Jerusalem. Ein Bericht von der Banalität des Bösen. München: Piper 1995 (9. Aufl.), S. 173–189 (Auszüge, Überschrift geändert).
S. 118 f.	Nach Norbert Lohfink: Die Zehn Gebote ohne den Berg Sinai. In: Bibelauslegung im Wandel. Frankfurt/Main: Knecht 1967, S. 129–157 – Das neue Testament, übersetzt und kommentiert von Ulrich Wilckens. – Lun-Yü. Gespräche des Konfuzius 15, 23. Zit. nach Pierre Do-Dinh: Konfuzius mit Selbstzeugnissen und Bilddokumenten. Reinbek: Rowohlt 1960, S. 88 – Immanuel Kant: Grundlegung zur Metaphysik der Sitten. In: Werke. Bd. 6: Schriften zur Ethik und Religionsphilosophie. Darmstadt: Wissenschaftliche Buchgesellschaft 1983, S. 61.
S. 123 f.	Verfassung des Freistaates Sachsen vom 27. Mai 1992.
S. 126	Nach Georg Picht: Der Begriff der Verantwortung. In: Wahrheit, Vernunft, Verantwortung. Stuttgart: Klett 1969, S. 318–342.

Register

Aktivität 64 f.
Altenheim 37 f.
Alter 16, 35 ff., 41
Altes Testament 62, 118
Anerkennung 64 f.
Auferstehung 43
Autonomie 64 f.

Barmherzigkeit 107 f.
Befreiung 12
Behinderte 79
Bergpredigt 98
Bescheidung 64 f.
Böses 13, 104
Brüderlichkeit 34
Buddha 100
Buddhismus 43

Christentum 63

Einsamkeit 96
Eltern 8, 9, 24, 25
Embryonalzeit 15
Engagement, soziales 64 f.
Erfolg 83
Erlösung 43
Erwachsene 27, 30 ff.
Erwachsenenalter 16, 17, 87
Exodus 12

Fernsehen 51
Freiheit 34
Freundschaft 86

Gerechtigkeit 12, 69, 95
Gesundheit 65
Gewissen 102 ff.
Gewissensirrtum 114
Gewissensmißbrauch 114

Glaube, religiöser 68
Gleichheit 34
Glück 49 ff., 83
Glückssymbole 59 f.
Glücksverheißungen 61
Glücksvorstellungen 50 ff.
Goldene Regel 118
Grenzsituation 81
Gutes 13, 31, 99, 104

Hinduismus 99

Ideale 31, 50
Identität 64 f.
Integrität 17
Islam 44, 63

Judentum 18, 40
Jugend 16, 17, 23 ff., 37, 61
Jugendreligionen 61

Kategorischer Imperativ 115 f., 119
Kind 32
Kindheit 15, 16, 17, 18 ff., 35
Kirche 61
Koran 98, 118
Kreativität 17
Krieg 77

Leben 7 ff., 73, 79
Leben, ewiges 44
Lebensansichten 8 ff.
Lebensaussichten 8 ff., 52
Lebensläufe 8 ff.
Lebensphasen 14 ff.
Lebensstadien 7 ff.
Leistung 19
Liebe 66, 95

Menopause 87
Menschen 15
Menschenrechte 19, 22, 119 ff.

Nächstenliebe 118
Natur 41
Nihilismus 95

Philosophie 64, 95
Politik 27 ff.
Pubertät 17

Rechte des Kindes 19 f., 22
Reife 30, 87
Religion 62 ff.
Revolution, friedliche 35

Samaritergleichnis 107 f.
Schicksal 101
Selbstmord 96
Senioreneuniversität 39
Sinn 71 ff.
Sinnlosigkeit 10
Solidarität 33
Sterben 41 ff., 44

Tod 10, 41 ff., 82, 94
Trauer 46 f.

Urvertrauen 17

Verantwortung 102, 125 ff.
Vorbilder 26

Wiedergeburt 13 f.
Wohlstand 83

Zehn Gebote 118
Zukunft 29

Bildnachweis

Anthony Verlag, Starnberg: 36 u. re. (Schaper) – Archiv für Kunst und Geschichte, Berlin: 23, 37, 43, 78, 116, 120 – Wolfgang Baaske Cartoon Agentur, München: 71 u. (Jan Tomaschoff) – Eric Bach Superbild, Grünwald: 110 (C.L. Schmitt) – Werner Bachmeier, Vaterstetten: 125 u. li. – Ernst und Hans Barlach GBR Lizenzverwaltung, Ratzeburg: 108 – Bavaria Bildagentur, Gauting: 16 o. li. (IPCE), 21 u. li. (Buchholz), 125 o. re. (UPW) – Beltz Verlag, Weinheim: 14 (aus: Hans-Joachim Gelberg (Hrsg.) – Menschengeschichten, 1975, Programm Beltz & Gelberg, Weinheim, Fotos: Werner A. Kilian) – Albert Bonniers Förlag, Stockholm: 15 u. li. (L. Nilsson) – Bulls Pressedienst, Frankfurt a. Main: 71 o. re. – Cartoon-Caricatur-Contor, München: 71 o. li. (Hans Sigg), – Claudius Verlag, München: 61 (aus: Werner „Tiki" Küstenmacher – Ach du lieber Himmel, S. 54) – Color Foto, Stuttgart: 49 u. – Deutsche Presse Agentur, Frankfurt a. Main: 34 (Wattenberg) – Deutscher Sportbund, Frankfurt a. Main: 49 Mitte – Prof. Dr. Wolfgang Dreysse, Quedlinburg: 113 – epd, Frankfurt a. Main: 123 (Scholz) – Foto Present, Essen: 45 (Zeidler) – Foto Trux, Rosenheim: 41 re. – Gong Verlag, München: 51 – Heinrich-Heine-Institut, Düsseldorf: 67 li. – Hellmut Hell, Reutlingen: 11 – Herder Verlag, Freiburg i. Breisgau: 13 (aus: Heinrich Rombach – Leben des Geistes, S. 89 o., 1977) – Holle Bildarchiv, Baden-Baden: 100 – IFA-Bilderteam, Taufkirchen: 21 u. re. (Hasenkopf), 49 o. li. – Interfoto, München: 117 (Paul Popper) – IVB Report, Kappelrodeck: 36 u. li. – Johann Jilka, Altenstadt: 84, 91, 125 o. li. und u. re. – Keystone Pressedienst, Hamburg: 31 – Rolf Kunitsch, Münster: 103 – MEV Verlag, Augsburg: 75 (C. Schneidter), 83 (H. Durz), 102 (S. Holzmann) – ORF, Wien: 51 – Gerd Pfeiffer, München: 12, 16 u., 127 – Picture Press, Hamburg: 15 u. re. (Martens/G+J) – Karl Rauch Verlag, Düsseldorf: 74 – Hanns Reich Verlag, Icking: Umschlag (Foto: Fred Plaut) – Rijksmuseum, Amsterdam: 36 o. li., 40 – Scala, Antella/Firenze: 106 – Robert Schumann Haus, Zwickau: 67 re. – Prof. Dr. Wulf Schiefenhövel, Andechs: 47 – Michael Seifert, Hannover: 29 – Siemens AG, München: 16 o. re. – Christof Sonderegger, Rheineck: 65 u. – Rudolf Spann, Herrsching: 65 o. – Springer Verlag, Berlin: 87 (aus: P.G. Zimbardo – Psychologie. Berlin-Heidelberg-New York-Tokyo, 4. Auflage 1983, S. 153) – Süddeutscher Verlag, München: 15 o., 19 o., 26, 36 o. re., 38, 39, 53, 56, 59, 68, 69, 76, 82, 93, 94, 99, 109, 121 – Suhrkamp Verlag, Frankfurt a. Main: 89 (Foto: Gerda Goedhart) – Tony Stone Images, München: 32 (Nivati Reeve), 112 (Bushnell/Soifer) – UNHCR, Genf: 21 o. li. (A. Hollmann) – UNICEF Deutschland, Köln: 21 o. re. (John Isaac) – VG Bild-Kunst, Bonn: 7, 41 li., 114, 115 – WDR, Köln: 51